Conversas com Igor Stravinski

Coleção Debates
Dirigida por J. Guinsburg

Equipe de realização – Tradução: Stella Rodrigo Octavio Moutinho;
Produção: Ricardo W. Neves e Sergio Kon.

**igor stravinski
e robert craft**

# CONVERSAS COM IGOR STRAVINSKI

 PERSPECTIVA

Título do original em inglês
*Conversations with Igor Stravinski*

Copyright © Igor Stravinski e Robert Craft

CIP-Brasil. Catalogação-na-Fonte
Sindicato Nacional dos Editores de Livros, RJ

---

Stravinski, Igor, 1882-1971.
 Conversas com Igor Stravinski / Igor Stravinski.
Robert Craft ; (tradução Stella Rodrigo Octavio Moutinho). –
São Paulo ; Perspectiva, 2010. – (Debates ; 176 / dirigida por J. Guinsburg)

 Título original: Conversations with Igor Stravinski,
 3ª reimpr. da 1. ed. de 1984
 ISBN 978-85-273-0173-2

 1. Compositores – Entrevistas 2. Stravinski, Igor. 1882-1971
I. Craft, Robert. II. Guinsburg, J. III. Título. IV Série.

04-7734                                                                                     CDD: 927-8

---

Índices para catálogo sistemático:
1. Compositores russos : Entrevistas  927.8

1ª edição – 3ª reimpressão
[PPD]

Direitos em língua portuguesa reservados à

EDITORA PERSPECTIVA LTDA.

Av. Brigadeiro Luís Antônio, 3025
01401-000 São Paulo SP Brasil
Telefax: (11) 3885-8388
www.editoraperspectiva.com.br

2019

# SUMÁRIO

1. DA ARTE DE COMPOR E DAS COMPOSIÇÕES ......... 9
   1. *As Séries* ................................................................. 17
   2. *Técnica* .................................................................. 19
   3. *Instrumentação* ..................................................... 20
   4. *Gesualdo* ............................................................... 24
   5. *Tradução* ............................................................... 25

2. DOS MÚSICOS E DE OUTROS ............................... 27
   1. *São Petersburgo* .................................................... 27
   2. *Diaghilev* ............................................................... 34
   3. *Debussy* ................................................................. 36
      3.1. Cartas de Debussy ............................................. 36
   4. *Jacques Rivière* ..................................................... 43
      4.1. Cartas de Jacques Rivière ................................. 44
   5. *Ravel* ..................................................................... 48
      5.1. Cartas de Ravel ................................................. 49

6. Satie ............................................................. 53
7. Schoenberg, Berg, Webern .............................. 54
8. Dylan Thomas................................................ 61
   8.1. Cartas de Dylan Thomas ......................... 63

3. DE MINHA VIDA E MINHA ÉPOCA, E DE OUTRAS ARTES .................................................................. 67
   1. Os Pintores do Ballet Russe ............................ 75

4. DA MÚSICA ATUAL.......................................... 87
   1. Harmonia, Melodia, Ritmo ............................ 88
   2. Música Eletrônica ......................................... 91
   3. A Música Contemporânea e o Grande Público ........ 92
   4. Jazz ............................................................. 95
   5. A Execução Musical ..................................... 96
   6. A Música e a Igreja ...................................... 101
   7. A Jovem Geração ......................................... 103
   8. O Futuro da Música ..................................... 107
   9. Conselho aos Jovens Compositores .............. 109

*No Reino de meu Pai não existe o drama, apenas o diálogo, que è um monólogo disfarçado.*

*Rudolfh Kassner*

*Igor Stravinski* por Pablo Picasso

1. DA ARTE DE COMPOR E DAS COMPOSIÇÕES

*R.C.* Em que época de sua vida você adquiriu consciência de sua vocação como compositor?

*I.S.* Não me lembro nem quando nem de que modo eu me vi pela primeira vez como compositor. Tudo quanto sei é de que meu interesse começou muito cedo, na infância, muito antes de qualquer estudo musical mais sério.

*R.C.* E a ideia musical? Quando você a reconhece como uma ideia, realmente?

*I.S.* Quando algo em minha própria natureza sente satisfação ante determinada forma auditiva. Mas, muito antes de nascerem as ideias, eu começo a estabelecer relações rítmicas entre os intervalos. Esta exploração de possibilidades é sempre realizada ao piano. Só depois de ter estabelecido minhas relações harmônicas ou melódicas é que passo à composição. O ato de compor é a expansão e a organização posteriores do material com que trabalho.

R.C. Fica sempre claro em seu espírito como vai se desenvolver uma composição a partir da concepção inicial? E a ideia, em si, já comporta com clareza o timbre instrumental que a irá reproduzir?

*I.S.* Não se deve supor que, do momento que uma ideia musical se delineia em nosso espírito, já possamos ver mais ou menos distintamente como a composição irá evoluir. Nem sempre o som (timbre) estará presente nesse primeiro momento. Mas se a ideia musical é simplesmente um grupo de notas, um motivo que ocorre subitamente, ela vem, muitas vezes, junto com seu próprio som.

*R.C.* Você diz que é um fazedor e não um pensador; que a composição não é um setor do pensamento conceitual; que é da sua natureza compor música, e que você a compõe naturalmente, não por atos do pensamento ou da vontade. Algumas horas de trabalho, abrangendo cerca de um terço de cada um de seus dias, nos últimos cinquenta anos, somaram-se num catálogo que atesta como o ato de compor lhe é, na verdade, natural. Mas como é que a natureza é abordada?

*I.S.* Quando meu tema principal já ficou decidido, eu sei, em linhas gerais, que espécie de material musical ele irá necessitar. Começo procurando-o às vezes pela execução de peças dos velhos mestres (para me pôr em movimento), às vezes diretamente pela improvisação de unidades rítmicas sobre uma sequência provisória de notas que podem se tornar a sequência definitiva. Formo, assim, o meu material de construção.

*R.C.* Quando você termina de criar a música na qual esteve trabalhando, sente-se sempre convicto do resultado, reconhece sempre, de imediato, quando ela está acabada, ou necessita, às vezes, trabalhá-la por maior espaço de tempo?

*I.S.* Geralmente reconheço minha criação. Mas quando não estou bem certo, incomoda-me adiar a solução confiando no futuro. O futuro nunca me dá segurança acerca da realidade que recebo do presente.

*R.C.* Na composição musical, que é teoria?

*I.S.* Percepção retrospectiva. A teoria não existe. Pode ser deduzida de certas composições. Ou quando isso não se dá verdadeiramente, ela existe como subproduto, incapaz de criar, ou de justificar a obra. No entanto, a composição envolve uma profunda intuição de "teoria".

*R.C.* As ideias musicais lhe ocorrem a qualquer momento do dia ou da noite?

*I.S.*   Elas geralmente me ocorrem enquanto estou compondo, e muito raramente se apresentam quando não estou trabalhando. Fico sempre perturbado quando me chegam ao ouvido num momento em que não tenho um lápis à mão, e me vejo obrigado a retê-las na memória repetindo para mim mesmo seus intervalos e seu ritmo. É muito importante para mim mentalizar o tom em que a música me aparece pela primeira vez: se, por alguma razão, sou levado a transportá-la, vejo-me ameaçado de perder a espontaneidade do primeiro contato, e terei dificuldade em recapturar o mesmo encanto. A música às vezes me aparece em sonhos, mas só em uma ocasião fui capaz de anotá-la. Isto se deu durante a composição de *L'Histoire d'un Soldat*, e fiquei surpreso e feliz com o resultado. Não apenas a música me apareceu, como também a pessoa que a executava estava presente no sonho. Uma jovem cigana sentada à beira da estrada. Trazia uma criança ao colo e tocava violino para entretê-la. O motivo que ela repetia continuamente servia-se de toda a extensão do arco, ou como se diz em francês *avec toute la longueur de l'archet*. A criança estava entusiasmada com a música, e aplaudia com as mãozinhas. A música também me agradou muito; fiquei especialmente satisfeito por poder me lembrar dela e, com alegria, incluí esse motivo em *Petit Concert*.

*R.C.*   Você fala frequentemente sobre o peso de um intervalo. Que quer dizer com isto?
*I.S.*   Faltam-me as palavras, não sou dotado para esse tipo de explicação, mas talvez seja de alguma ajuda dizer que quando componho um intervalo tenho consciência dele como objeto (se é que posso dizer que penso assim um intervalo), como algo fora de mim, o contrário de uma impressão.

Deixe-me falar sobre um sonho que tive enquanto compunha *Threni...* Depois de trabalhar até muito tarde, uma noite, deitei-me ainda perturbado por um intervalo. Sonhei com ele. Tinha se tornado uma substância elástica que se esticava exatamente entre as duas notas que eu tinha escrito, mas, embaixo de cada uma dessas notas, nas duas extremidades, havia um ovo, um grande ovo testicular. Os ovos eram gelatinosos ao tato (eu os toquei) e quentes, e eram protegidos por ninhos. Acordei sabendo que meu intervalo estava certo. (Para quem queira mais detalhes, eram cor-de-rosa – muitas vezes sonho colorido. Além disso, fiquei surpreendido por ver os ovos, e imediatamente compreendi que eram símbolos. Ainda no sonho, fui à minha coleção de dicionários procurar "intervalo", mas encontrei apenas uma explicação confusa, que fui conferir na manhã seguinte, na realidade verifiquei ser a mesma.)

*R.C.* Quando você está compondo, você alguma vez pensa em algum tipo de público? Para você existe o que se chama problema de comunicação?

*I.S.* Quando componho, não posso conceber que aquilo que faço deixe de ser reconhecido pelo que é, e também de ser compreendido. Uso a linguagem da música, e aquilo que expresso com a minha gramática deve ser claro para o músico que acompanha a evolução da arte musical até o ponto a que meus contemporâneos e eu a conduzimos.

*R.C.* Você já pensou que a música é, como dizia Auden, "uma imagem virtual de nossa experiência de vida enquanto temporal, com seu duplo aspecto de recorrência e de vir-a-ser"?

*I.S.* Se a música é para mim uma "imagem de nossa experiência de vida enquanto temporal" (e, apesar de não ser verificável, acredito que ela seja), o fato de dizê-lo será o resultado de minha reflexão, e, como tal, é independente da música em si. Mas esse tipo de pensamento acerca da música é uma colocação inteiramente estranha para mim: não posso *fazer* nada com ela como verdade, e meu espírito volta-se para o *fazer*. Auden quer dizer música "ocidental" ou, como ele diria, "música enquanto história"; a improvisação do jazz é a dissipação da imagem de tempo e, se bem entendo o que significam "recorrência" e "devir", estes aspectos são muitíssimo diminuídos na música serial. A ideia de Auden "imagem de nossa experiência enquanto temporal" (o que é também uma imagem) está acima da música, talvez, mas não obstrui ou contradiz a experiência puramente musical. O que me choca, no entanto, é a descoberta de que muita gente pensa abaixo da música. Ela é meramente alguma coisa que lhes recorda outra coisa qualquer – uma paisagem, por exemplo; meu *Apollo* está sempre lembrando a Grécia. Mas, mesmo nas tentativas mais específicas de evocação, que significa "ser parecido", e que são "correspondências"? Quem, ouvindo o pequeno, perfeito e preciso *Nuages Gris* de Liszt pode afirmar que "nuvens cinzentas" são causa e efeito musicais?

*R.C.* Você trabalha levando em conta uma concepção dialética da forma? Esta expressão tem sentido em termos musicais?

*I.S.* Sim, para ambas as perguntas, na medida em que a arte da dialética é, de acordo com os dicionários, a arte da discussão lógica. A forma musical é o resultado da "discussão lógica" dos materiais musicais.

*R.C.* Tenho-o ouvido dizer muitas vezes que "um artista deve evitar a simetria, mas pode construir em paralelismos". Que quer dizer com isto?

*I.S.* Os mosaicos do *Juízo Final* de Torcello são um bom exemplo. Seu tema é divisão – além disso divisão em duas metades, sugerindo metades iguais. Mas, na verdade, cada uma delas é o complemento da outra, não sua igual nem seu espelho, e a própria linha divisória não é uma perpendicular perfeita. Num lado, crânios tendo nas órbitas serpentes em forma de relâmpagos e, no outro, a *Vida Eterna* (eu me pergunto se Tintoretto não teria visto aquelas figuras brancas); ambas as partes se equilibram, mas não são igualmente equilibradas. Os tamanhos e as proporções, os movimentos e repousos, os claros e os escuros dos dois lados são sempre variados.

A *Fachada Azul*, de Mondrian (composição 9, 1914), é um exemplo mais próximo do que quero dizer. Compõe-se de elementos que tendem para a simetria mas na realidade evita a simetria em paralelismos sutis. Se a sugestão de simetria é ou não evitável na arte da arquitetura, se ela é natural na arquitetura, eu não sei. Entretanto, os pintores que pintam motivos arquitetônicos, ou se valem de configurações arquitetônicas, cometem muitas vezes esse pecado. E só os mestres da música conseguiram evitar isso em períodos cuja arquitetura corporificou os idealismos estéticos, isto é, quando a arquitetura era simetria, e a simetria se confundia com a própria forma. De todos os músicos de seu tempo, creio que Haydn foi o mais consciente de que ser perfeitamente simétrico é o mesmo que ser perfeitamente morto. Alguns dentre nós, ainda estão divididos de um lado por uma compulsão ilusória para a simetria "clássica" e, de outro, pelo desejo de compor como os Incas, de maneira puramente não simétrica.

*R.C.* Você encara a forma musical como sendo, em certo grau, matemática?

*I.S.* Ela é, de qualquer modo, muito mais próxima da matemática do que da literatura – não talvez da própria matemática, mas sem dúvida de qualquer coisa como o pensamento matemático ou as relações matemáticas. (Como são enganosas todas as descrições literárias da forma musical!) Não quero dizer que os compositores pensam por equações ou tabela de números, nem que estes sejam capazes de simbolizar a música. Tornei-me cônscio da similitude entre ambas quando era ainda estudante; aliás, a matemática era a disciplina que mais me interessava na escola. A forma musical é matemática porque é abstrata, e a forma é sempre ideal, desde que seja, como escreveu Ortega y Gasset, "uma imagem da memória ou uma construção de nossa mente". Mas, embora ela seja matemática, o compositor não deve buscar fórmulas matemáticas.

R.C. Você diz, frequentemente, que compor é resolver um problema. É só isto, e nada mais?
I.S. Seurat dizia: "Certos críticos deram-me a honra de ver poesia no que faço, mas pinto segundo meu método, sem outra ideia no espírito".

R.C. Em suas obras com temas gregos *Apollo*, *Oedipus*, *Orpheus*, *Perséphone*, os ritmos pontuados são de grande importância (o início de *Apollo*; o interlúdio em cânone de *Orpheus*; a música do "mundo subterrâneo" de *Perséphone*; a ária "Nonne Monstrum" de *Oedipus*). A utilização desses ritmos é uma referência estilística consciente ao século dezoito?
I.S. Os ritmos pontuados são característicos desse século. Os empregos que fiz deles naquelas peças, e em outras do mesmo período, como a introdução do meu *Concerto para Piano*, são referências estilísticas conscientes. Tentei construir uma nova música baseado no classicismo setecentista, usando seus princípios construtivos (que não posso definir aqui) e mesmo evocando-os estilisticamente por meios tais como os ritmos pontuados.

R.C. Valéry disse: "Podemos construir de maneira ordenada somente por meio de convenções". Como reconhecemos essas convenções, digamos, nas canções para clarineta e violão de Webern?
I.S. Não reconhecemos. Nas canções de Webern, encontramos um princípio de ordem completamente novo, o qual, a seu tempo, será reconhecido e convencionado. Mas o dito essencialmente clássico de Valéry não prevê que novas convenções possam vir a ser criadas.

R.C. Certa vez, um romancista (Isherwood) queixou-se a você de suas dificuldades em torno de uma questão técnica relativa à narração. Você o aconselhou a encontrar um modelo. Como você adota um modelo em música?

*I.S.* Acabo de descrever isso no caso da música do século dezoito; adotei os recursos daqueles ritmos convencionais a fim de poder "construir de maneira ordenada".

*R.C.* Por que você dispensou as barras de compasso nas *Diphonas* e nas *Elegias* de *Threni*?

*I.S.* As vozes não estão sempre em uníssono rítmico. Portanto, qualquer travessão cortaria, arbitrariamente, pelo menos uma linha melódica. De qualquer forma, não há tempos fortes nesses cânones, e o regente deve simplesmente marcar o tempo como ele o marca num motete de Josquin. Por esta mesma razão, escrevi mínimas e não notas ligadas sobre as barras de compasso. Isso é, talvez, mais difícil de ler, mas é uma notação mais verdadeira.

*R.C.* Você baseou seus *Threni* no modelo dos *Lamentos* de algum compositor antigo, do mesmo modo que algumas danças de *Agon* se baseiam na *Apologie de la Danse* de Lauze ou nos exemplos musicais de Mersenne?

*I.S.* Estudei a liturgia completa de Palestrina e os *Lamentos* de Tallis e Byrd, mas não creio que haja "influência" alguma destes mestres em minha música.

*R.C.* Por que os compositores contemporâneos tendem a usar valores musicais menores do que os do século dezenove, colcheias em vez de semínimas, e semicolcheias em vez de colcheias? Sua música encerra muitos exemplos dessa tendência (o segundo movimento da *Sinfonia em Dó*, em colcheias e semicolcheias, e a parte final do *Duo Concertante*, em semicolcheias). Se você tivesse de dobrar o valor das notas dessa música, reescrevê-la em semínimas e colcheias, como isso afetaria a música em seu espírito? E ainda, você sempre pensa ou vê a unidade de valor quando compõe, ou já reescreveu alguma obra com outros valores de tempo? Sua revisão da *Danse Sacrale* de *Le Sacre du Printemps*, em 1943, dobra os valores de semicolcheias para colcheias; isto foi feito para facilitar – e facilita? – a leitura? Você acredita que a dimensão de uma nota tem alguma relação com o caráter da música?

*I.S.* Não creio que você esteja inteiramente certo ao supor uma evolução de batidas da mínima, para a semínima, para a colcheia. A música contemporânea, criando maior amplidão de tempos e de ritmos, criou portanto alcance e variedade mais amplos da unidade rítmica (veja qualquer quadro de notação, e compare os tipos de unidades rítmicas usadas nos cinco últimos séculos com as que são usadas hoje). Escrevemos em tempo rápido ou tempo lento, com grandes ou pequenos valores, dependendo da música. Essa é minha única explicação.

Como compositor, associo certo tipo de música, certo tempo musical a certos tipos de unidade musical. Componho diretamente deste modo. Não há nenhum ato de seleção ou de tradução, e a unidade de valor e a de tempo surgem em minha imaginação simultaneamente com o próprio intervalo. Também, só raramente achei que minha unidade de tempo original tinha me levado a dificuldades de notação. O *Ditirambo*, no *Duo Concertante*, é, entretanto, um desses casos.

É difícil para mim avaliar se uma obra minha, traduzida em maiores ou menores unidades de valor, mas executada no mesmo tempo, me despertaria qualquer diferença na audição. Entretanto, sei que não poderia aceitar visualmente a música em seu novo estado, porque a forma das notas, quando as escrevemos, corresponde à forma da própria concepção original. (O executante, naturalmente, com seu modo de ver diferente, irá encarar todo o problema da notação como uma questão de escolha, mas isto é errado.)

Acredito *mesmo* numa relação entre o *caráter* de minha música e a espécie de unidade de valor e não me importo que isto seja indemonstrável – para mim, como compositor, é demonstrável porque penso assim. E as convenções influenciaram universalmente por tanto tempo que não nos seria possível negar uma relação olho-ouvido. Quem pode tomar um ditado de uma passagem de música contemporânea em 6/4 e dizer que ela é de fato 6/8 ou 6/16?

Quanto à legibilidade: traduzi, de fato, minha *Danse Sacrale* em valores maiores para facilitar a leitura (é, por certo, mais fácil de ler, como prova a redução dos tempos de ensaio). Mas a legibilidade e os valores maiores se coadunam apenas até certo ponto. Essa ideia de música rápida em notas brancas só se aplica a certos tipos de composição (o primeiro movimento de minha *Sinfonia em Dó*, por exemplo, ou o *Gloria Patri* no *Laudate Pueri* das *Vésperas* de Monteverdi), mas essa questão não pode ser dissociada da questão das barras de compasso e da construção rítmica da própria música.

Talvez a atual ausência de convenções possa ser interpretada como uma bênção, o executante só pode se beneficiar com uma situação na qual é obrigado a rever seus preconceitos e a desenvolver versatilidade de leitura.

R.C.   E a métrica? O mesmo efeito pode ser alcançado tanto por meio da acentuação quanto pela variação da métrica? Que são barras de compasso?

*I.S.*   À primeira pergunta minha resposta é sim, até certo ponto, mas este ponto é o grau de regularidade real na música. A barra de compasso é muito, muito mais do que uma mera acentuação, e não creio que possa ser simulada por um acento, pelo menos não na minha música.

*R.C.*   Na sua música, a identidade é estabelecida por meios melódicos, rítmicos e outros, mas especialmente pela tonalidade. Você acredita que poderá um dia abandonar a identificação tonal?

*I.S.*   É possível. Podemos ainda criar um senso de retorno exatamente ao mesmo ponto, sem a tonalidade: a rima musical pode realizar a mesma coisa que a rima poética. Mas a forma não pode existir sem alguma espécie de identidade.

*R.C.*   Qual é o sentimento atual sobre o uso da música como acompanhamento à recitação (*Perséphone*)?

*I.S.*   Não me pergunte. Os pecados não podem ser desfeitos; apenas perdoados.


*1. As Séries*

*R.C.*   Você pensa os intervalos nas suas séries como intervalos tonais, isto é, seus intervalos provocam sempre uma pulsão tonal?

*I.S.*   Os intervalos em minhas séries são atraídos pela tonalidade; componho verticalmente, e isto significa num sentido, pelo menos, compor de acordo com a tonalidade.

*R.C.*   De que modo a composição por séries afetou seu próprio pensamento harmônico? Você trabalha da mesma maneira – isto é, ouve as mesmas relações e depois passa-as para a composição?

*I.S.*   Ouço certas possibilidades e escolho. Posso criar minha escolha na composição serial tanto quanto em qualquer outra forma tonal contrapontística. Ouço harmonicamente, por certo, e componho como sempre fiz.

*R.C.*   No entanto, a Giga do seu *Septeto* e os cânones corais no *Canticum Sacrum* são muito mais difíceis de ouvir harmonicamente do que sua música anterior. A composição serial não afetou, assim, sua perspectiva harmônica?

*I.S.*   É, certamente, mais difícil ouvir harmonicamente a música a que você se refere do que a minha música anterior; mas qualquer música serial feita com a intenção de ser ouvida verticalmente é de audição mais difícil. As regras e restrições da escrita serial diferem pouco da rigidez das grandes escolas contrapontísticas de outrora. Ao mesmo tempo elas alargam e enriquecem a perspectiva harmônica; começa-se a ouvir mais coisas, e de modo diferente do que antes. A técnica serial que utilizo me impele a uma disciplina muito maior do que em qualquer outro momento anterior.

*R.C.* Você acha que o seu mundo de tempo é o mesmo para o tipo de música que você compõe hoje e para a sua música de há trinta e cinco anos (*Mâvra*, *Sonata para Piano*, *Apollo*).
*I.S.* Os meus mundos de tempo do presente e do passado não podem ser os mesmos. Sei que certas porções de *Agon* contêm três vezes mais música no mesmo espaço de tempo (cronológico) do que outras peças minhas. Naturalmente, uma nova demanda de audição em profundidade muda a perspectiva de tempo. Talvez também a operação da memória numa obra desenvolvida de maneira não tonal (tonal, mas não segundo o sistema tonal do século dezoito) seja diferente. Numa obra concebida no sistema tonal, estamos constantemente localizados no tempo, mas podemos apenas nos locomover no percurso de uma obra polifônica, quer seja a *Missa do Duque Hércules* de Josquin, quer uma obra serial composta no sistema não tonal.

*R.C.* Você encontra alguma semelhança entre o mundo temporal da música oriental e o de certos exemplos recentes de música serial?
*I.S.* Não acho que nada, na natureza da concepção serial, torne a série "oriental" em essência. O próprio Schoenberg foi um cabalista, sem dúvida, mas isso é uma preocupação de caráter meramente pessoal. Todos observamos a monotonia (em nenhum sentido pejorativa) que qualificamos de "oriental" em obras seriais como *Le Marteau sans Maître*, de Boulez, por exemplo. Mas o tipo de monotonia que temos em mente é característico de muitos tipos de música polifônica. Nossa noção do que é oriental é principalmente uma associação com a instrumentação, e também com padrões rítmicos e melódicos; é uma associação deveras muito superficial. Eu mesmo não tenho o hábito do que quer que seja oriental, e especialmente de medida de tempo na música oriental. De fato, minha atitude se assemelha à de Henri Micheaux: no Oriente, reconheço-me um bárbaro – naquela excelente acepção inventada pelos gregos da Ática para designar os povos que não podiam responder-lhes em grego ático.

## 2. Técnica

*R.C.* Que é técnica?
*I.S.* O homem por inteiro. Aprendemos como usá-la, mas não a adquirimos no berço, ou antes, talvez eu deva dizer que nascemos com a capacidade de adquiri-la. Hoje ela passou a significar o oposto de "coração", embora, naturalmente, "coração" também seja técnica. Uma simples mancha no papel feita por meu amigo Eugène Berman, eu reconheço instantaneamente como sendo um Berman. O que foi que eu reconheci? Um estilo ou uma técnica? Stendhal (em *Passeios Romanos*) acreditava que estilo é "maneira que cada um tem de dizer a mesma coisa". Mas, obviamente, ninguém diz a mesma coisa, porque o modo de dizer também é aquilo que se diz. Uma técnica ou um estilo para se dizer algo de original não existe *a priori*, eles são criados pela própria forma original de dizer. Dizemos algumas vezes de um compositor que lhe falta técnica; de Schumann, por exemplo, que não tinha suficiente técnica orquestral. Mas não acredito que mais técnica chegasse a modificar o compositor. A "ideia" não é uma coisa e a "técnica" outra, isto é, a habilidade de transferir, de "expressar" ou desenvolver pensamentos. Não podemos falar na "técnica de Bach" (eu nunca digo isto), muito embora, em todos os sentidos, ele a tenha em grau mais elevado que qualquer outro; esse nosso significado extrínseco torna-se ridículo quando tentamos imaginar a separação da substância musical de Bach da sua realização. A técnica não é uma ciência que se possa ensinar, nem é aprendizagem, nem erudição, nem sequer o conhecimento de como fazer alguma coisa. É criação, e, como tal, é constantemente nova. Existem outros empregos legítimos da palavra, reconheço. Os pintores têm técnicas para a aquarela ou para o guache, por exemplo, e há ainda acepções tecnológicas: temos técnicas para construir pontes, e até "técnicas de civilização". Nesse sentido podemos falar em técnicas de composição – a escrita de uma fuga acadêmica. Mas para mim o compositor original ainda é a sua própria e única técnica. Se ouço falar no "domínio técnico" de um compositor, fico sempre interessado no próprio compositor (embora os críticos gostem de usar a expressão para dar a entender: "Mas ele não tem aquilo que realmente importa"). Domínio técnico deve ser *de* alguma coisa, deve *ser* alguma coisa. E já que podemos reconhecer habilidade técnica quando nada mais nos é dado reconhecer, ela é a única manifestação de "talento" que conheço; talento e técnica, até certo ponto são a mesma coisa. Atualmente todas as artes, mas especialmente a música, estão empenhadas em "exames da técnica". A meu ver tal exame precisa ser feito dentro

da própria natureza da arte – um exame que é a um tempo perpétuo e novo cada vez – ou não representa coisa nenhuma*.

R.C. Sua musica tem sempre um elemento de repetição, de *ostinato*. Qual é a função do *ostinato*?

I.S. É estática – quero dizer, é o antidesenvolvimento; e às vezes precisamos de uma contradição ao desenvolvimento. No entanto, tornou-se um recurso viciante que foi, em certa época, aplicado em excesso por muitos de nós.

## *3. Instrumentação*

R.C. O que você entende por boa instrumentação?

I.S. Ela é boa quando você não percebe que *é* instrumentação. A palavra é um subterfúgio. Subentende que se escreve a música e depois faz-se a orquestração. Isto é verdade no caso dos compositores que escrevem música para piano a qual transcrevem para orquestra; e poderia ser ainda o método de muitos compositores, a julgar pelo número de vezes que me têm perguntado a opinião sobre quais instrumentos acho melhores para certas passagens que tocam ao piano. Como sabemos, a verdadeira música para piano, que é a que esses compositores geralmente tocam, é a mais difícil de ser instrumentada. Até Schoenberg, que sempre foi um bom mestre nesse ramo (poderíamos fazer uma antologia muito útil da prática instrumental em sua música a partir da primeira canção do op. 22 até *Von Heute auf Morgen,* com sua extraordinária percussão, seu piano, seu bandolim), até Schoenberg tropeçou quando tentou transferir para orquestra o estilo pianístico de Brahms (seu arranjo do *Quarteto para Piano em Sol menor* de Brahms para orquestra), embora sua realização da cadência do último movimento com pizicatos em arpejos seja um golpe de mestre. Geralmente não é um bom sinal quando a primeira coisa que observamos numa peça é a instrumentação; e os compositores de quem se destaca a instrumentação – Berlioz, Rimski-Korsakov, Ravel não são os melhores. Beethoven, o maior mestre na música orquestral, a nosso ver, é raramente elo-

---

* No caso de minha própria música, eu sei que minhas primeiras obras, *Faune et Bergère* e *Sinfonia em Mi bemol*, carecem de personalidade, enquanto, por outro lado, demonstram nítida habilidade técnica no uso dos materiais musicais. *Faune* soa ora como Wagner, ora como *Romeu e Julieta* de Tchaikovski (mas nunca como Rimski-Korsakov, o que deve ter perturbado o mestre), e nem um pouco como Stravinski, ou, quando muito, só através de uma visão retrospectiva minuciosa.

giado por sua instrumentação; suas sinfonias são boas demais como música, sob qualquer ângulo, e a orquestra é uma parte demasiado integral dessas obras. Como parece tolo dizer do *Trio do Scherzo* da *Oitava Sinfonia*: "Que esplêndida instrumentação!" – no entanto, que incomparável concepção instrumental ele representa. A reputação de Berlioz como orquestrador sempre me pareceu altamente suspeita. Fui educado com sua música; não podia ser mais tocado que em São Petersburgo, nos meus tempos de estudante, e, por isso, atrevo-me a dizer minha opinião às pessoas de espírito literário responsáveis por seu ressurgimento*. Berlioz foi um grande inovador, naturalmente, e mentalizava perfeitamente cada novo instrumento que usava, como também conhecia sua técnica. Mas a música que ele tinha para instrumentar era harmonicamente muito fraca em sua estrutura. Não há habilidade de orquestra que possa esconder o fato de que os baixos de Berlioz são, às vezes, inseguros, e as vozes harmônicas interiores pouco claras. O problema da distribuição orquestral é, portanto, intransponível e o equilíbrio é regulado superficialmente pela dinâmica. Essa é, em parte, a razão por que prefiro o pequeno Berlioz ao grandioso.

Muitos compositores ainda não se dão conta de que o principal corpo instrumental de nossos dias, a orquestra sinfônica, é criação da música harmônico-triádica. Parece que não notam que o crescimento dos instrumentos de sopro de dois, para três, para quatro, para cinco, em cada gênero, é paralelo ao crescimento harmônico. É extremamente difícil escrever de maneira polifônica para esse corpo harmônico, e é por isto que Schoenberg, em suas *Variações para Orquestra*, de caráter polifônico, foi obrigado a duplicar, triplicar, quadruplicar as *linhas*. O baixo também é muito difícil de sobressair em termos acústicos e harmônicos nas *Variações*: porque é apenas a linha inferior, e não especificamente baixo. Embora a orquestra tradicional não seja ainda um anacronismo, ela não pode mais ser usada em termos padrões,

* Lembro-me de uma descrição de Berlioz feita por Rimski-Korsakov; ele tinha encontrado o mestre francês depois de um dos famosos concertos de Berlioz em São Petersburgo, no fim da década de 1860. Rimski, que tinha então vinte e três anos ou vinte e quatro, assistiu ao concerto com outros jovens compositores do grupo. Viram, contou ele, Berlioz, com uma casaca de abas muito curtas, reger sua própria música e a de Beethoven. Depois foram conduzidos aos bastidores por Stassov, o patriarca da música de São Petersburgo. Encontraram um homem pequeno, nas palavras de Rimski "um pequeno pássaro branco de *pince-nez*" – tiritando dentro de um casaco de peles e encolhido sob o cano de aquecimento que passava pela sala justo acima de sua cabeça. Dirigiu-se amavelmente a Rimski: "E você também compõe?", mas conservou as mãos dentro das mangas do casaco.

exceto por compositores anacrônicos. Os progressos na técnica instrumental também estão modificando o uso da orquestra. Fazemos hoje composições para solo, para instrumentistas virtuoses, e nosso estilo para solo ainda está sendo descoberto. As partes para harpa, por exemplo, eram na maioria glissandos e acordes, como até bem pouco tempo, com Ravel. A harpa é capaz de fazer glissandos e arpejos junto com a orquestra, mas ainda não pode tocar no conjunto orquestral, como usei na minha *Sinfonia em Três Movimentos*. E, outro exemplo: estamos recém-descobrindo o uso orquestral dos harmônicos, especialmente no grave (um de meus sons favoritos, diga-se de passagem; retese-se a garganta e abra-se a boca meia polegada, de modo que a pele do pescoço fique esticada como a pele de um tambor, depois bata-se com o dedo: é a esse som que me estou referindo).

No começo de minha carreira, a clarineta era considerada incapaz de passagens longas com movimentos rápidos da língua. Lembro-me de minhas instrumentações para *Sylphides* de Chopin, em Paris, em 1910, e de um clarinetista mal-humorado me dizendo que tinha esbarrado numa passagem rápida em *staccato* (a única maneira por que eu podia conceber o pianismo de Chopin): "*Monsieur*, não é música para clarineta".

Quais os instrumentos de que gosto? Seria bom que houvesse mais instrumentistas competentes para a clarineta, baixo e barítono e para o trombone contralto (dos meus *Threni* e de *Altenberg Lieder*, de Berg), para o violão, o bandolim e o *cymbalom**. Será que existe algum instrumento de que eu não goste? Bem, não me agradam os instrumentos mais em evidência na orquestra de *Lulu*, o vibrafone e o saxofone contralto. Admito, no entanto, que o vibrafone tem espantosas qualidades contrapontísticas; e a personalidade de delinquente juvenil do saxofone alto flutuando sobre a vasta decadência de *Lulu* é o próprio cerne do fascínio dessa ópera.

R.C. Você sente-se atraído por novos instrumentos – elétricos, orientais, exóticos, de jazz ou outros?
I.S. Naturalmente. Muitos instrumentos não convencionais me atraem, especialmente os de percussão, mas também os de corda como os japoneses que ouvi em Los Angeles, cujos cavaletes são movimentados durante a execução. E não esqueçamos o fato de que os instrumentos sinfônicos tradicionais como o trompete e o trombone não são os mesmos quando executados por músicos de jazz. Estes demonstram mais variedade de articulação e colorido e, em alguns instrumentos, o trompete, por exemplo,

* Espécie de dulcimer usado na Europa Central. (N. da T.)

parecem estar mais à vontade com essa liberdade do que os instrumentistas da orquestra sinfônica; os trinados do trompetista de jazz. Menosprezamos não só os instrumentos de outras raças, como também os de nosso maior compositor europeu. Esta negligência é uma das razões por que as *Cantatas* de Bach, que deveriam ser o centro de nosso repertório, se é que devemos ter um repertório, são relativamente pouco executadas. Não temos os instrumentos para executá-las. Bach dispunha de famílias, enquanto nós temos instrumentos isolados: famílias de trompetes, de trombones, de oboés, de todos os tipos de cordas. Temos simplificações e maior ressonância: onde ele recorria ao alaúde, talvez o mais perfeito e certamente o mais pessoal de todos os instrumentos, recorremos ao violão. Eu, pessoalmente, prefiro a orquestra de cordas de Bach com suas gambas, com seus violino e violoncelo *piccolo*, ao nosso convencional quarteto, no qual o celo não é da mesma família da viola e do contrabaixo. E se os oboés *d'amore* e *da caccia* fossem usuais, eu haveria de compor para eles. Que escrita instrumental incomporável é a de Bach. Pode-se sentir o aroma da resina em suas partes para violino, e como que saborear a palheta dos oboés. Estou sempre interessado e atraído pelos instrumentos novos (novos para mim), mas, até o momento, é mais frequente eu me espantar com os inovadores recursos de imaginação que os compositores conseguem descobrir com os "velhos" instrumentos. Um tópico nos *Tagebücher*, de Klee, diz (em maio de 1913): *Und das Mass ist noch nicht voll. Man fürt sogar Schoenberg auf, das tolle Melodram Pierrot Lunaire\**. E nem agora estão tampouco esgotadas. Por exemplo, a *Terceira Sonata para Piano*, de Boulez, é quase tão puramente "pianística" quanto um estudo de Debussy; no entanto, explora variedades de toque (ataque) nunca tentadas por Debussy, e expõe em seus harmônicos uma região inteira de som que foi desprezada até agora. (Estes aspectos daquela peça são entretanto secundários, diante de sua forma; sempre mais próximo das ideias de Mallarmé sobre permutação, Boulez está agora se acercando de um conceito de forma não diferente da ideia que aparece em *Un Coup de Dês*. Não só a paginação da partitura dessa *Terceira Sonata para Piano* se parece com a "partitura" de *Un Coup de Dês* como, no próprio prefácio do poema, as ideias de Mallarmé parecem descrever a sonata também: "... interrupções fragmentárias de uma frase capital introduzidas e continuadas desde o título. Tudo se passa por redução, por hipótese; evita-se a narrativa". Mallarmé pensava, certamente, que estava tomando ideias emprestadas da música,

---

\* E a medida ainda não está completa. Executa-se até mesmo Schoenberg: o extravagante melodrama *Pierrot Lunaire* (N. da T.).

e ficaria surpreso, sem dúvida, ao saber que, sessenta anos depois, seu poema tinha fertilizado as duas artes; a recente publicação de *Le Livre de Mallarmé*\* (com seus surpreendentes diagramas de forma matemática, deve ter sido uma estranha confirmação para Boulez).

Assim, o "velho" instrumento, o piano, me interessa mais que as Ondas Martinot, por exemplo, embora esta afirmação corra o perigo de dar a impressão de que estou pensando em instrumentalismo como algo à parte do pensamento musical.

## 4. Gesualdo

R.C.   Que motivo o levou a compor novas partes de sexta voz e de baixo para substituir as que se perderam no motete *a sette* de Gesualdo?

I.S.   Quando eu terminei de copiar as cinco partes existentes na partitura, o desejo de completar a harmonia de Gesualdo, de suavizar alguns de seus *malheurs*\*\*, tornou-se irresistível para mim. Deve-se executar a peça sem nada adicionar para compreender o meu trabalho; e a expressão "adicionar" não é a mais exata: o material existente foi apenas meu ponto de partida, com ele recompus o todo. As partes encontradas impõem limites definidos em alguns casos, e muito indefinidos em outros. Mas, mesmo se essas partes não dispensassem soluções acadêmicas, o conhecimento das outras obras de Gesualdo o faria. Não tentei adivinhar "o que Gesualdo teria feito", embora desejasse muito ver o original; optei mesmo por soluções que, estou certo, não seriam as de Gesualdo. E embora a segunda voz e a sétima de Gesualdo justifiquem as minhas, não encaro meu trabalho sob esse ângulo. Minhas partes não são tentativas de reconstrução. Elas são tão minhas quanto de Gesualdo. O motete seria, creio eu, de qualquer modo incomum; com ou sem mim. Sua forma em duas metades quase iguais é pouco usual, assim como sua polifonia, consistente e complexa. Muitos dos motetes empregam um estilo de acordes mais simples e, com tantas vozes, tão próximas na sua disposição teríamos de esperar um tratamento dessa ordem: a música de Gesualdo nunca é densa. A parte do baixo também é pouco comum. Tem muita importância enquanto baixo, o que raramente se nota em Gesualdo. Seus madrigais são quase todos com peso nas linhas superiores e, mesmo nos motetes e

---

\* De Jacques Scherer (Gallimard), os primeiros estudos sobre os papéis e os cadernos de notas inéditos de Mallarmé.

\*\* Casos desagradáveis, pequenas infelicidades. (N. da T.)

responsos, o baixo repousa mais que as outras partes. Não creio que esteja me revendo em Gesualdo através desse exemplo, embora meu pensamento musical seja sempre centrado em torno do baixo (o baixo ainda funciona como a raiz harmônica para mim, mesmo na música que componho atualmente). Mas esse motete, que poderia ter sido opus final de Gesualdo, seria capaz de levá-lo a soluções incomuns pelo simples fato de ser o único a sete vozes. (Seguindo o mesmo raciocínio, questiono se o volume perdido dos madrigais a seis vozes teria música mais complexa, mais "dissonante" do que os volumes a cinco vozes, e a única referência que se tem para qualquer madrigal daquele livro, *Sei disposto*, apoia meu ponto de vista; mesmo seu madrigal *Donna, se m'ancidete*, da primeira fase, em seis vozes, tem um grande número de intervalos de segunda, sem contar os que são erros do editor.)

Gostaria de chamar a atenção para a dramática simbolização musical do texto, que ocorre no ponto divisor da forma. As vozes se reduzem a três (estou certo de que Gesualdo fez algo semelhante) quando as palavras "a graça do paracleto em séptuor" se espalham em sete plenas partes polifônicas.

Espero que minha singela homenagem a Gesualdo, e meu próprio interesse pelo grande músico, ajudem a despertar a ambição de outros gesualdianos para que procurem sua obra perdida: o *Trio para as Três Formosas Damas de Ferrara*; as árias mencionadas em cartas de Fontanelli; e, acima de tudo, os madrigais a seis vozes. Essa música deve estar em bibliotecas particulares italianas. (Quando tudo o que existe na Itália tiver sido catalogado, tudo há de reaparecer; recentemente o shakespeariano Hotson encontrou uma carta na Biblioteca Orsini descrevendo as impressões de um antepassado desta família sobre um espetáculo na corte elizabetana do que deve ter sido a primeira exibição de *Twelfth Night*.) Gesualdo tinha muito boas relações em Nápoles, Ferrara, Modena, Urbino e mesmo Roma (sua filha casou-se com um sobrinho do Papa). Comecemos por aí.

## 5. Tradução

R.C.  Nenhum compositor se preocupou mais diretamente com os problemas da tradução dos textos musicais cantados do que você. Quer dizer alguma coisa sobre o assunto?
I.S.  Que os libretos e os textos sejam publicados em traduções, que sinopses e argumentos de enredos sejam distribuídos antecipadamente, que se procure atrair as imaginações; mas que

não se troquem o som e a acentuação de palavras compostas precisamente para certas músicas, em certas posições precisas. De qualquer modo a necessidade de saber "o que eles estão cantando" nem sempre é satisfeita por termos o trecho cantado em nossa própria língua, especialmente se acontece que esta língua é o inglês. Há uma grande falta de escola para canto em inglês, nos Estados Unidos pelo menos; os elencos de algumas produções americanas de ópera em inglês não parecem cantar na mesma língua. E o "significado", o *argument d'être* do tradutor é apenas um aspecto. A tradução muda o caráter de uma obra e destrói sua unidade cultural. Se o original é em verso, especialmente em versos numa língua rica em rimas internas, pode ser apenas adaptado com certa liberdade, mas não traduzido (exceto talvez por Auden; os versos de Browning que começam *"I could favour you with sundry touches"* são um bom exemplo de como versos de rimas internas soam em inglês). A adaptação implica traduzir um espaço cultural, e resulta naquilo que entendo por destruição da unidade cultural. Por exemplo, os prestos italianos dificilmente podem escapar de soar em inglês como se fossem Gilbert and Sullivan, embora isso talvez seja por culpa de meus ouvidos de russo nato naturalizado americano, e da minha falta de familiaridade com outros períodos da ópera inglesa (se é que depois de Purcell e antes de Britten existiram outros períodos de ópera em inglês).

Um exemplo de tradução que destrói o texto, e a música, ocorre na parte final do meu *Renard*. A passagem a que me refiro – chamo-a *pribaoutki*\* explora uma velocidade e uma acentuação que são naturais no russo (cada língua tem *tempos* característicos que determinam em parte o caráter e o tempo musical). Não há tradução dessa passagem que consiga dizer o que fiz musicalmente com a língua. Mas há muitos exemplos semelhantes em minha música vocal russa; fico tão perturbado que prefiro ouvi-los em russo ou então não ouvi-los de todo. Felizmente o latim ainda é uma língua que permite transpor fronteiras – pelo menos ate agora ninguém se propôs a traduzir o meu *Oedipus*, meus *Salmos*, meu *Canticum*, minha *Missa*.

A apresentação de obras na língua original é, na minha opinião, sinal de uma cultura rica. E, falando musicalmente, Babel é uma bênção.

---

\* Uma espécie de canção divertida, às vezes com sílabas sem sentido, às vezes em parte falada.

## 2. DOS MÚSICOS E DE OUTROS

*I. São Petersburgo*

R.C. Você se lembra do primeiro concerto a que foi?
I.S. Minha primeira experiência de um espetáculo musical público foi no Teatro Mariinski em São Petersburgo. Minhas impressões se misturam, naturalmente, com o que me contaram, mas quando eu tinha sete ou oito anos me levaram para ver *Uma Vida pelo Czar.* Nos deram um dos camarotes oficiais, e eu me lembro que era adornado com dourados "amores alados". O espetáculo de teatro em si e do público me confundiram, e minha mãe contou depois que, enquanto eu olhava o palco, empolgado pelo som da orquestra (talvez a maior sensação da minha vida tenha sido o som desta primeira orquestra), perguntei, como em Tolstói: "Qual deles é o teatro?" Lembro-me também que Napravnik dirigia a ópera de luvas brancas.

O primeiro concerto de que me recordo foi por ocasião da estreia de uma sinfonia de Glazunov. Eu tinha nove ou dez anos, e nessa época Glazunov era o compositor novo de maior destaque. Ele *era* dotado de extraordinários poderes de ouvido e memória, mas seria ir muito longe admitir que fosse um novo

Mozart. O prodígio de dezesseis anos já era um talhado e seco acadêmico.

*R.C.* Você ficou impressionado por algum músico estrangeiro vindo a São Petersburgo em seus tempos de estudante?
*I.S.* Nos primeiros anos deste século, a maioria dos visitantes estrangeiros que vinham a São Petersburgo rendiam homenagem a Rimski-Korsakov. Nos anos de 1903, 1904 e 1905 eu estava sempre na casa dele, e assim conheci muitos compositores, regentes e virtuoses. Rimski falava francês e inglês, este último aprendido no seu tempo de oficial de marinha, mas não conhecia o alemão. Como eu me expressava neste idioma fluentemente desde a infância, às vezes me pedia para servir de intérprete entre ele e algum hóspede que falasse alemão. Lembro-me de ter conhecido assim os regentes Artur Nikisch e Hans Richter. Este não sabia nenhuma palavra de outra língua que não fosse o alemão, e Rimski, sem ter ninguém na família que falasse a língua, teve de mandar me chamar. Quando Richter me viu, fez um gesto de desagrado e perguntou: *"Wer ist dieser Jüngling?"*\*
Recordo-me de encontrar naqueles anos Max Reger em um ensaio, creio. Tanto ele quanto sua música me causaram igual repulsa. Alfredo Casella também veio à Rússia, então no início de sua carreira. Não o conheci naquela ocasião, mas ouvi Rimski referir-se a ele: "Um certo músico italiano, Alfredo Casella, veio me visitar hoje. Trouxe-me uma partitura complicada, de tamanho incrível, sua instrumentação de *Islamey*, de Balakirev, e me pediu para comentá-la e dar-lhe minha apreciação. Que poderia eu dizer daquilo? Senti-me como uma criança" – e ao dizer isto parecia humilhado.

Lembro-me de ver Mahler em São Petersburgo também. Seu concerto foi um triunfo. Rimski, ainda era vivo, creio, mas não quis comparecer porque havia uma obra de Tchaikovski no programa (acho que era *Manfredo*, a peça mais enfadonha que se possa imaginar). Mahler também dirigiu fragmentos de Wagner e, se não me falha a memória, uma sinfonia dele próprio. Mahler me impressionou muito – tanto ele quanto seu modo de reger.

*R.C.* Você poderia descrever Rimski-Korsakov como professor?
*I.S.* Era um professor muito diferente. Embora tivesse uma cátedra no Conservatório de São Petersburgo, aconselhou--me a não ingressar naquele estabelecimento; ofereceu-me, em troca, a preciosíssima dádiva de suas inesquecíveis lições (1903-1906). Elas duravam pouco mais de uma hora e se realizavam

---

\* "Quem é este rapazola". (N. da T.)

duas vezes por semana. Instrução e exercícios de orquestração eram seu assunto principal. Deu-me sonatas e quartetos de Beethoven e marchas de Schubert para orquestrar e, às vezes, sua própria música, cuja orquestração ainda não tivesse sido publicada. Então, quando eu lhe trazia o que tinha feito, ele me mostrava sua própria partitura para orquestra e comparava com a minha, explicando a razão de ter feito coisa diferente.

Além dessas lições continuei meus exercícios contrapontísticos, mas sozinho, pois não podia aguentar as lições maçantes de harmonia e contraponto que eu tinha com um antigo aluno de Rimski-Karsakov.

*R.C.* Que músicas suas Rimski conheceu? Que disse a respeito delas? Quais as relações dele com a nova música: Debussy, Strauss, Scriabin?

*I.S.* Quando lhe pedi para ir a um concerto ouvir a música de Debussy, disse: "Já a ouvi. Acho melhor eu não ir: começaria a me acostumar com ela e acabaria gostando". Destestava Richard Strauss, mas provavelmente não pelos motivos certos. Sua atitude para com Scriabin era diferente. Não gostava nem um pouco de sua música, mas, àqueles que se indignavam com ela, dizia: "Gosto muito da música de Scriabin."

Conhecia minha *Sinfonia em Mi bemol*, op. *1*, dedicada a ele, e também minha suíte vocal *Faune et Bergère*, ambos executados num concerto organizado com seu apoio e sua supervisão. Tinha visto o manuscrito de meu *Scherzo Fantastique*, mas a morte impediu-o de ouvi-lo. Nunca me fez um cumprimento, era muito calado e avaro no elogio a seus alunos. Mas seus amigos me contaram, depois de sua morte, que ele falou de modo muito elogioso da partitura do *Scherzo*.

*R.C.* Você tinha em mente *La Vie des Abeilles*, de Maeterlink, como assunto para seu *Scherzo Fantastique?*

*I.S.* Não. Escrevi o *Scherzo* como peça de música sinfônica "pura". As abelhas foram ideia de um coreógrafo, bem como, mais tarde, os seres-abelhas do bailado (do meu *Concerto para Cordas em Ré*), *The Cage*, foi ideia de Mr. Robbins. Sempre me senti fascinado pelas abelhas – elas me amendrontavam depois do livro de Von Fritsch, e me apavoravam depois de *Is Another World Watching*, de meu amigo Gerald Heard – mas nunca tentei evocá-las em minha obra (na verdade, que aluno do autor do *Voo do Besouro* o faria?), nem fui por elas influenciado senão pelo fato de que desafiando o conselho de Galeno às pessoas idosas (a Marco Aurélio?), continuo a ter uma dieta de mel, diariamente.

As abelhas, de Maeterlink, contudo, quase chegaram a me causar um transtorno sério. Certa manhã, recebi em Morges uma surpreendente carta dele acusando-me de trapaça e fraude intencionais. Meu *Scherzo* recebeu o título de *Les Abeilles* – afinal de contas um título que qualquer um poderia escolher – e adotado como tema de um bailado então em cartaz na Grande Ópera de Paris (1917). *Les Abeilles* não tinha sido autorizado por mim e, naturalmente, eu não tinha assistido ao espetáculo; mas o nome de Maeterlink era mencionado no programa. O assunto foi resolvido, e finalmente um trecho de má literatura sobre abelhas foi publicado na primeira folha de minha partitura, para satisfazer meu editor que achava que uma "história" ajudaria a vender a música. Lamentei o incidente com Maeterlink porque tinha muita consideração por ele, conhecendo-o através da tradução russa. Algum tempo depois, contei esse episódio a Paul Claudel que julgou Maeterlink excepcionalmente polido para comigo: "Ele às vezes move ações contra pessoas que lhe dizem *bonjour*. Você teve sorte de não ter sido perseguido na justiça no que tange ao 'pássaro', em *L'Oiseau de Feu*, uma vez que Maeterlink escrevera *L'Oiseau Bleu* primeiro que você*.

Esta abelhologia lembra-me, particularmente, Rachmaninov, porque a última vez que eu vi este homem assustado ele vinha a minha casa em Hollywood trazendo-me de presente um balde de mel. Eu não era especialmente amistoso com Rachmaninov naquela época, nem, creio eu, o eram outras pessoas: as relações sociais com um homem do temperamento dele precisavam de

---

* Desde que escrevi isto, já dirigi três vezes a execução do *Scherzo* ("se ele é *fantastique* ou não, cabe a nós decidir", escreveu um crítico francês depois de sua estreia em São Petersburgo, sob a batuta de Alexander Ziloti) e fiquei surpreso ao descobrir que a música não me chocava. A orquestra "soa", a música é leve e de um modo raro nas composições da época e há nela uma ou duas ideias realmente boas, como a parte da flauta e do violino, no nº 63, e o movimento cromático da última página. Naturalmente que as frases são monótonas e, ouvindo-a de novo, senti não ter explorado mais a flauta "alto". Apesar de tudo é um opus 3 que promete.

Vejo agora que tirei mesmo alguma coisa do *Voo do Besouro*, de Rimski (números 49 e 50 da partitura), mas o *Scherzo* deve muito mais a Mendelssohn, através de Tchaikovski, do que a Rimski-Korsakov.

O progresso da técnica instrumental me fez ver nestas execuções recentes um detalhe interessante. A partitura original – escrita mais de cinquenta anos atrás – emprega três harpas. Lembro-me perfeitamente como as três partes eram difíceis para os harpistas de São Petersburgo em 1908. Em 1930, reduzi as três partes a duas, para uma nova edição do material orquestral. Agora vejo que, com alguns reajustes, a mesma música pode ser tocada por um único executante, porque os harpistas são muito mais ligeiros nos pedais.

mais perseverança do que a minha capacidade: ele estava apenas trazendo-me mel. É curioso, no entanto, que não nos tivéssemos encontrado na Rússia – embora lá, na minha juventude, eu costumasse ouvi-lo – nem mais tarde na Suíça, quando fomos vizinhos, mas em Hollywood.

Algumas pessoas atingem uma espécie de imortalidade apenas pelo fato de possuíram totalmente, ou não, uma certa qualidade ou característica. A totalidade imortalizadora de Rachmaninov era sua carranca. Ele era uma carranca de seis pés e meio de altura.

Suponho que minhas conversas com ele, ou antes, com sua mulher – porque ele sempre ficava em silêncio – eram típicas:
*Madame Rachmaninov*: Qual é a primeira coisa que você faz, de manhã, quando acorda? (Isto poderia ser uma pergunta indiscreta, mas não o era, se você visse como ela foi feita).
*Eu:* Durante quinze minutos faço exercícios ensinados por um ginasta húngaro maníaco da cura Kneipp, ou antes, fiz isso até que soube que o húngaro tinha morrido muito jovem e de repente; então levanto-me e tomo um chuveiro.
*Madame Rachmaninov*: Está vendo, Sergei, *Stravinski* toma banho de chuveiro. Que extraordinário. Você continua dizendo que tem medo de chuveiro? E você ouviu Stravinski dizer que faz exercícios? O que você acha disso? Que vergonha, você que mal dá uma volta.
*Rachmaninov*: (silêncio)

Lembro-me das primeiras composições de Rachmaninov. Eram "aquarelas", canções e peças para piano influenciadas por Tchaikovski. Depois, aos vinte e quatro anos, voltou-se para a "pintura a óleo", e tornou-se, na verdade, um compositor muito velho. Não se pensa porém que eu vá desprezá-lo por isso. Ele era, como já disse, um homem apavorante e, além do mais, há muitos outros para serem desprezados antes dele. Quando penso nele, seus silêncios avultam como nobre contraste à auto-aprovação que é a única forma de conversa de todos os intérpretes e de outros músicos. E ele era o único pianista que jamais encontrei que não fazia caretas. Isto já é muito.

*R.C.* Quando você era aluno de Rimski-Korsakov, você valorizava Tchaikovski tanto quanto depois, nos anos vinte e trinta?
*I.S.* Então, como mais tarde, a vulgaridade frequente em sua música incomodava-me – na mesma medida em que eu apreciava o indiscutível verdor de seu talento (e sua inventividade instrumental); apreciava especialmente se comparado ao natura-

lismo surrado e amadorista dos "Cinco" (Borodin, Rimski-Korsakov, Cui, Balakirev e Mussorgski).

*R.C.* Qual era a atitude de Rimski para com Brahms? E quando foi que você ouviu a música de Brahms pela primeira vez?

*I.S.* Eu me lembro de ler a notícia da morte Brahms no *Novo Tempo* (o jornal conservador de São Petersburgo; eu o assinava por causa dos artigos de Rozanov) e da impressão que isso me causou. Sei que pelo menos três anos antes eu já havia tocado quartetos e sinfonias do mestre de Hamburgo.

Brahms foi a descoberta de meu "tio" Alexander Ielatchich, marido da irmã de minha mãe, Sophie. Este senhor, que teve um importante papel no meu primeiro desenvolvimento, era alto funcionário e homem rico. Músico amador apaixonado, passava horas ao piano. Dois de seus cinco filhos eram também dados à música, e um deles, ou eu, estávamos sempre tocando a quatro mãos com ele. Lembro-me de ter tocado um quarteto de Brahms com ele quando eu tinha doze anos. Tio Alexander era admirador de Mussorgski e, como tal, não ia bem com Rimski-Korsakov. De qualquer forma, sua casa ficava próxima da de Rimski, e eu ia muitas vezes de uma para outra e sentia dificuldade em encontrar um equilíbrio entre elas.

Rimski não gostava de Brahms. Não era também wagneriano, mas sua admiração por Liszt mantinha-o na facção Wagner-Liszt.

*R.C.* Que opinião você tinha de Mussorgski quando era aluno de Rimski-Korsakov? Você se lembra de alguma coisa que seu pai tivesse dito sobre ele? Como você o considera hoje?

*I.S.* Tenho pouco a dizer sobre Mussorgski em conexão com os meus tempos de estudo com Rimski. Naquele tempo, influenciado pelo mestre, que tinha recomposto quase toda a obra de Mussorgski, eu repetia o que era geralmente dito sobre seu "imenso talento" e "pouca arte musical", e sobre os "importantes serviços" prestados por Rimski a suas "constrangedoras" e "inapresentáveis" partituras. No entanto, muito cedo descobri como era parcial esse tipo de mentalidade, e mudei minha atitude para com Mussorgski. Isso foi antes do meu contato com os compositores franceses que, naturalmente, eram ferozmente contrários às "transcrições" de Rimski. Era muito claro, mesmo para um espírito influenciado, que a mayerbeerização de Rimski da obra de Mussorgski "tecnicamente imperfeita" não poderia mais ser tolerada.

Quanto a meus sentimentos (embora atualmente tenha pouco contato com a música de Mussorgski), acho que, apesar de seus limitados meios técnicos e de sua "escrita desajeitada", suas partituras originais apresentam sempre infinitamente mais interesse musical e genuína intuição do que a "perfeição" dos arranjos de Rimski. Meus pais sempre me diziam que Mussorgski era um conhecedor da música operística italiana, e que, nos recitais, ele acompanhava os cantores nesse tipo de música extremamente bem. Também diziam que as maneiras de Mussorgski eram sempre cerimoniosas, e que ele era um homem muito melindroso em suas relações pessoais. Era hóspede frequente em nossa casa em São Petersburgo.

*R.C.* Você rege muitas vezes aberturas de Glinka. Sempre apreciou sua música?

*I.S.* Glinka foi o herói musical russo de minha infância. Ele era sempre *sans reproche*, e esta é ainda a minha maneira de vê-lo. Sua música é menor, naturalmente, mas ele não é: toda a música na Rússia brota dele. Em 1906, pouco depois de meu casamento, fui com minha mulher e com Nikolski, meu professor de instrução cívica na Universidade de São Petersburgo, fazer uma visita à irmã de Glinka, Ludmilla Shestakova. Velhinha de noventa e dois ou noventa e três anos, vivia cercada de empregados quase tão velhos quanto ela, e não tentava levantar-se de sua cadeira. Tinha sido mulher de um almirante, e todos se dirigiam a ela como "Sua Excelência". Eu estava empolgado por conhecê-la, já que ela tinha sido muito amiga de Glinka. Falou-me sobre ele, sobre meu falecido pai que ela havia conhecido muito bem, sobre o círculo Cui-Dargomizhski e seu virulento antiwagnerianismo. Depois, como recordação de minha visita, mandou-me uma folha de edelvais em prata.

*R.C.* Você alguma vez encontrou Balakirev?

*I.S.* Vi-o uma vez, de pé ao lado de seu aluno Liapunov, em um concerto no Conservatório de São Petersburgo. Era um homem grande, calvo, com a cabeça de calmuco e a expressão arguta, de olhar agudo como o de Lenin. Não era musicalmente muito admirado naquele tempo. Isto em 1904 ou 1905, e, politicamente, por causa de sua ortodoxia, os liberais consideravam-no um hipócrita. Sua reputação como pianista foi firmemente estabelecida por numerosos discípulos, todos eles, no entanto, como o próprio Balakirev, ardentes adeptos de Liszt; enquanto Rimski conservava um retrato de Wagner sobre a escrivaninha, Balakirev tinha um de Liszt. Eu lastimava Balakirev porque ele sofria cruéis crises de depressão.

*R.C.* Você não menciona, em sua Autobiografia, se foi ou não ao enterro de Rimski-Korsakov.

*I.S.* Não fiz menção a isso porque foi um dos dias mais infelizes da minha vida. Mas estive lá e, enquanto viver, sempre hei de me lembrar de Rimski em seu caixão. Estava tão belo que não pude deixar de chorar. Sua viúva, vendo-me, chegou-se a mim e disse: "Por que está tão infeliz? Ainda temos Glazunov". Foi a observação mais cruel que jamais ouvi, e nunca tive tanto ódio como naquele momento.

## 2. Diaghilev

*R.C.* Qual era a capacidade de julgamento de Diaghilev com relação à música? Por exemplo, qual foi a sua reação a *Le Sacre du Printemps* quando o ouviu pela primeira vez?
*I.S.* Diaghilev tinha não tanto boa capacidade de julgamento musical quanto um imenso faro para reconhecer a potencialidade de êxito de uma música, ou de uma obra de arte em geral. A despeito de sua surpresa quando toquei para ele, ao piano, o começo de *Sacre* (*Les Augures Printanières*), a despeito de sua atitude irônica, a princípio, para com a longa linha de acordes repetidos, ele rapidamente compreendeu de que a razão daquilo era outra que não minha inabilidade para compor música mais diversificada; viu imediatamente a seriedade de minha nova linguagem musical, sua importância e a vantagem de capitalizá-la. Isto foi, parece-me, o que ele pensou ao ouvir *Le Sacre* pela primeira vez.

*R.C.* A primeira execução musical de *Le Sacre du Printemps* foi razoavelmente correta? Você se lembra de mais alguma coisa sobre aquela noite de 29 de maio de 1913, além do que já escreveu a respeito?
*I.S.* Eu estava sentado na quarta ou quinta fila do lado direito, e a imagem das costas de Monteux é hoje mais vívida em minha lembrança do que o que se realizava no palco. Ele ali estava, de pé, aparentemente impenetrável, e tão destituído de nervos como um crocodilo. Ainda me parece quase incrível que tenha podido, efetivamente, levar a orquestra até o fim. Deixei meu lugar quando os ruídos mais fortes principiaram – os mais leves se ouviam desde o princípio – e fui para os bastidores ficar atrás de Nijinski, na ala direita. Nijinski estava de pé numa cadeira, fora da vista do público, gritando números para os bailarinos. Eu não atinava com o que tais números tinham a ver com a minha música, porque não existem "trezes" nem "quatorzes" no plano métrico da partitura.

Do que pude ouvir da execução musical, ela não foi má. Dezesseis ensaios completos tinham dado à orquestra pelo menos um pouco de segurança. Depois do espetáculo, estávamos excitados, zangados, desgostosos e... felizes. Fui com Diaghilev e Nijinski para um restaurante. Assim bem longe de chorar e de ir recitar Púchkin no Bois de Boulogne, como pretende a lenda, o único comentário de Diaghilev foi: "Exatamente o que eu queria". Ele parecia mesmo satisfeito. Ninguém poderia ser mais rápido em compreender o valor publicitário, e ele logo entendeu o que havia acontecido de bom neste campo. Muito provavelmente já deveria ter pensado na possibilidade de tal escândalo quando lhe toquei a partitura, meses antes, no lado leste do salão térreo do Grand Hotel de Veneza.

*R.C.* Você planejou alguma vez um "bailado litúrgico" russo? Se o fez, parte disso transformou-se em *Les Noces?*
*I.S.* Não. Aquele "bailado litúrgico" foi inteiramente ideia de Diaghilev. Ele sabia que um espetáculo sobre a Igreja Russa, num teatro em Paris, seria um enorme sucesso. Tinha maravilhosos ícones e roupas que desejava mostrar e vivia me perseguindo para que lhe desse a música para isso. Diaghilev não era verdadeiramente religioso, verdadeiramente um crente, mas suspeito que fosse apenas um homem muito supersticioso. Não ficava nada chocado com a ideia da igreja no teatro. Comecei a conceber *Les Noces*, e sua forma já estava clara em meu espírito mais ou menos no começo de 1914. Quando se deu Sarajevo, eu estava em Clarens. Precisava do livro de Kireievski sobre a poesia popular russa, do qual tirei meu libreto, e resolvi ir a Kiev, único lugar onde eu sabia que poderia encontrá-lo. Tomei o trem para Ustilug, nossa casa de verão em Volínia, em julho de 1914. Depois de alguns dias lá, fui para Varsóvia e Kiev onde encontrei o livro. Lamento que nessa última viagem, minha derradeira visão da Rússia, eu não tenha visto o monastério de Vydubitski que eu conhecia e amava. No caminho de volta a polícia da fronteira já estava muito tensa.

Cheguei à Suíça poucos dias antes da guerra – graças à minha boa estrela. Quero lembrar que Kireievski tinha pedido a Púchkin que lhe mandasse sua coleção de versos populares, e Púchkin enviou-lhe apenas alguns versos com uma nota que dizia "alguns destes versos são de minha lavra; você é capaz de notar a diferença?" Kireievski não foi capaz, e reuniu-os todos em seu livro, de maneira que talvez uma linha de Púchkin esteja em *Les Noces.*

## 3. Debussy

*R.C.* Entre seus contemporâneos mais antigos, a quem você deve mais? Debussy? Você acha que ele mudou depois de ter tido contato com você?

*I.S.* Tive minhas possibilidades diminuídas, nos primeiros anos, por influências que restringiram o desenvolvimento de minha técnica de compositor. Refiro-me ao formalismo do Conservatório de São Petersburgo, do qual, entretanto, – e felizmente – logo me libertei. Mas os músicos de minha geração e eu mesmo devemos muito a Debussy.

Não creio que tenha havido mudança em Debussy em consequência de nosso contato. Depois de ler as cartas que me escreveu, amáveis e elogiosas (gostou muito de *Petruchka*), fiquei intrigado ao encontrar sentimentos bastante diferentes sobre minha música em cartas a músicos amigos, no mesmo período. Seria duplicidade, ou estaria ele aborrecido por sua incapacidade de assimilar a música de *Le Sacre*, quando a geração mais jovem acreditava nela entusiasticamente? É difícil de julgar agora, a uma distância de mais de quarenta anos.

### 3.1 Cartas de Debussy

I                          80, AVENUE DU BOIS DE BOULOGNE
*Sábado, 10 de abril de 1913*

(Carta enviada a mim para Ustilug)

Caro amigo,

Graças a você, passei umas agradáveis férias de Páscoa na companhia de Petruchka, do terrível Mouro e da deliciosa Ballerina. Imagino que você viveu momentos incomparáveis com os três fantoches... e conheço poucas coisas mais válidas do que a parte que você chamou *"Tour de passe-passe"*... Há nela uma espécie de magia sonora, uma transformação misteriosa de almas mecânicas que se tornam humanas por um encantamento do qual, até agora, você parece ser o único inventor.

Enfim, há uma infalibilidade orquestral que eu só havia encontrado em *Parsifal*. Você há de compreender o que quero dizer, por certo. Você irá muito mais longe do que *Petruchka*, não tenho dúvida, mas desde já pode sentir-se orgulhoso pela realização desse trabalho.

Desculpe, e por favor aceite meus agradecimentos atrasados em acusar seu amável presente. Mas a dedicatória me confere um lugar alto demais nos domínios da música que ambos servimos com o mesmo zelo desinteressado... Infelizmente, naquela ocasião, eu estava rodeado de pessoas doentes! Sobretudo minha mulher que esteve adoentada por muitos e longos dias... Tive mesmo de ser o "homem da casa", e reconheço logo que não tenho talento para isso.

Como se tem falado na boa ideia de apresentar obras suas outra vez, já antecipo o prazer de vê-lo breve por aqui.

Por favor, não esqueça o caminho de minha casa, onde estamos todos ansiosos por vê-lo.

Muito afetuosamente seu

CLAUDE DEBUSSY

2
PARIS
*8 de novembro de 1913*

Não desmaie, meu caro Amigo, sou eu mesmo!!! Naturalmente que, se começarmos, você querendo entender, e eu querendo explicar por que não escrevi ainda, não vamos acabar nunca.

Além disso, algo de maravilhoso está acontecendo por aqui: pelo menos uma vez por dia todos falam em você. Sua amiga Chouchou* compôs uma fantasia sobre *Petruchka* que faria os tigres uivarem... Ameacei-a com torturas, mas ela continua, insistindo que você "vai achar muito bonito". Assim, como poderia supor que não pensamos em você?

Nossa leitura ao piano de *Le Sacre du Printemps*, na casa de Laloy**, está sempre presente em meu espírito. Ela me persegue como um belo pesadelo, e tento em vão reinvocar a maravilhosa impressão.

---

\* A filha de Debussy, Emma-Claude, que morreu um ano depois do pai.
\*\* Fato que Laloy, o crítico, atribui incorretamente à primavera de 1913. Aquilo que mais me impressionou na época – e que está ainda vivo na minha memória – foi, na ocasião da primeira leitura de *Le Sacre*, a execução brilhante de Debussy ao piano. Recentemente, enquanto ouvia seu *En blanc et noir* (de cujas peças uma é dedicada a mim), fiquei impressionado pela maneira como a extraordinária qualidade desse pianismo orientara o pensamento de Debussy, o compositor.

É por isso que espero pela apresentação no palco tal qual uma criança gulosa, impaciente pelos doces prometidos.

Logo que eu tiver uma cópia boa da prova de *Jeux* mandarei a você... Gostaria muito de ter sua opinião sobre este *"badinage* em três partes"*: e já que falamos em *Jeux*, você ficou surpreso por eu ter escolhido este título, quando você preferia *O Parque.* Acredite que *Jeux* é melhor, primeiro porque é mais apropriado, e depois, porque evoca mais de perto os "horrores" que acontecem entre essas três personagens.*

Quando é que você vem a Paris para que possamos afinal tocar boa música?

Muito afetuosamente, de nós três para você e sua mulher.

Seu velho amigo

CLAUDE DEBUSSY

3                                            *15 de maio de 1913*

Querido amigo,

Meu telefone não funciona, e temo que você tenha tentado se comunicar comigo sem resultado. Se você viu Nijinski, e se ele assinou os papéis, por favor, entregue-os ao motorista. É urgente que eles estejam na Société des Auteurs antes das cinco horas. Obrigado, seu velho Debussy.

(Esta nota, trazida pelo motorista de Debussy, refere-se a formulários da Société des Auteurs que ele tinha dado a Nijinski, coautor na direção de cena de *Jeux*. Eu via Nijinski diariamente nessa época, e Debussy só podia ter certeza de chegar até ele por meu intermédio.)

---

* Debussy teve muito contato comigo durante a composição de *Jeux* e frequentemente me consultava sobre problemas de orquestração. Ainda, considero *Jeux* uma obra-prima *orquestral*, embora eu ache que parte da música é *"trop Lalique"*.

4                                                     PARIS
*18 de agosto de 1913*

Meu caro, meu velho Stravinski,

Desculpe-me por ter demorado a agradecer uma obra cuja dedicatória não tem preço para mim\*. Tive uma forte inflamação nas gengivas. É feio e perigoso, a gente pode acordar um dia e descobrir que os dentes estão caindo. Pode-se transformá-los num colar, mas isto não serve de consolo.

A música de *Roi des Etoiles* é, por enquanto, inusitada. É, talvez, a "harmonia das eternas esferas" de Platão (mas não me pergunte a página). E, exceto em Sírio ou Aldebarã, não posso prever execuções dessa "cantata para planetas". Quanto à nossa modesta Terra, a execução iria se perder no abismo.

Espero que você esteja restabelecido. Cuide-se, a música precisa de você. Por favor, apresente meus respeitos a sua encantadora mãe e os melhores votos a sua mulher.

Seu fiel

CLAUDE DEBUSSY

5                                                     PARIS
*9 de novembro de 1913*

Caro Stravinski,

Porque pertencemos a certa tradição, ainda nos perguntamos a razão de nossa carta não ter tido resposta...! Mas o valor da música que recebi\*\* é mais importante, porque contém algo de afirmativo e vitorioso. Naturalmente, pessoas que estão um tanto perplexas com seu crescente sucesso, não descuidaram de espalhar boatos muito discordantes a seu respeito – e se você ainda não morreu, não é por culpa deles. Nunca acreditei em nenhum boato – será preciso dizer-lhe? – Não! Também não preciso dizer-lhe da alegria que tive ao ver meu nome associado

---

\* Eu havia dedicado minha curta cantata *Le Roi des Etoiles* (1911) a Debussy. Está claro que ele ficou intrigado com a música e quase teve razão ao predizer que seria impossível executá-la. Foi executada apenas poucas vezes, e há pouco tempo, e permanece, em certo sentido, minha composição mais "radical" e difícil.

\*\* Eu tinha mandado a ele a partitura *de Le Sacre du Printemps*.

a uma coisa tão bela, e que com o passar do tempo será ainda mais bela.

Para mim você está descendo a outra vertente da colina, mas conserva, no entanto, uma intensa paixão pela música, e sinto uma satisfação especial em dizer-lhe como você alargou os limites do permissível no império do som.

Perdoe-me por usar essas palavras pomposas, mas elas expressam exatamente meu pensamento.

Você talvez já tenha ouvido acerca do fim melancólico do Théâtre des Champs Elysées? É realmente uma pena que o único lugar em Paris onde se começou a fazer música honestamente não tenha tido sucesso. Posso perguntar-lhe, caro amigo, o que você pretende fazer a respeito? Vi Diaghilev em *Boris Godunov*, no único espetáculo desta ópera, e ele não disse nada... Se puder me dar algumas notícias, sem ser indiscreto, não hesite. De qualquer modo você vem a Paris? "Quantas perguntas", estou ouvindo você dizer... Se lhe aborrece respondê-las...

Neste momento mesmo, chegou seu cartão postal – e vejo por ele, caro amigo, que você não recebeu minha carta. É lamentável para mim – você está com certeza muito zangado comigo. Talvez eu tenha escrito errado o endereço. Além disso, Ustilug é tão longe. Não irei a Lausanne – por razões complicadas que não tem interesse para você. Esta é mais uma razão para você vir a Paris – para termos o prazer de novo encontro.

Sabe que irei a Moscou no princípio de dezembro? Acho que você não estará lá. Acredite que por este motivo minha viagem será um pouquinho mais penosa. Escrevi a Kussevitski pedindo algumas informações necessárias – não respondeu.

Quanto à Société de la Musique Actuelle quero fazer o possível para ser amável e agradecer-lhes a honra que me querem conferir. Só que não sei se terei tempo suficiente para ficar até o concerto.

Minha mulher e Chouchou mandam lembranças afetuosas e pedem que não se esqueça de dar lembranças também a sua mulher.

Seu sempre devotado

CLAUDE DEBUSSY

6                                                (cartão postal)

PARIS
*17 de novembro de 1913*

Caro Stravinski. Você adquiriu o hábito, desde a infância, de brincar com o calendário, e confesso que seu último cartão me deixou confuso. Ao mesmo tempo, recebi um telegrama de Kussevitski dizendo que sou esperado em Moscou no dia 3 de dezembro (novo estilo\*). Como o concerto em São Petersburgo é no dia 10, você pode ver que não terei tempo para fazer nada. Já se restabeleceu de seu resfriado? Assim espero de coração. Se você não tem coisa melhor para fazer, aconselho-o a ir a Moscou. É uma cidade maravilhosa, e você talvez não a conheça muito bem. Lá você encontrará Claude Debussy, músico francês, que lhe quer muito bem.

Afetuosamente

CLAUDE DEBUSSY

7                                                              PARIS
*24 de outubro de 1915*

Em primeiro lugar, muito querido amigo, é uma alegria ter notícias suas afinal... Tive algumas por seus amigos que, não sei por que, mantinham seu estado de saúde e sua residência em mistério.

Estamos indo um pouco melhor, ou, em outras palavras, estamos como a maioria do povo francês. Temos a nossa parte de tristezas, de dificuldades espirituais e domésticas. Mas isso é natural, agora que a Europa e o resto do mundo acham necessário participar desse trágico "concerto". Por que os habitantes de Marte não se unem à luta?

Como você me escreveu, "eles não serão capazes de nos fazer aderir à sua loucura". Mas mesmo assim há qualquer coisa de mais alto que a força bruta, "fechar as janelas" à beleza é contra a razão, e destrói o verdadeiro sentido da vida.

Mas devemos abrir nossos olhos e nossos ouvidos para outros sons quando o barulho dos canhões tiver cessado. O mundo deve se livrar dessa semente ruim. Temos todos que matar os

---

\* Debussy parece referir-se ao calendário gregoriano (novo estilo) que só então começava a ser adotado nos países do Leste europeu (N. da T).

*41*

micróbios da falsa grandeza, da feiura organizada, que nem sempre compreendíamos ser apenas fraqueza.

Você será necessário na guerra contra esses outros gases igualmente mortíferas, e contra os quais não existem máscaras. Caro Stravinski, você é um grande artista. Seja, com toda força, um grande artista russo. É tão maravilhoso pertencermos ao nosso país, sentirmo-nos presos ao nosso solo como o mais humilde dos camponeses! E quando o estrangeiro pisa este solo, como parecem amargos todos os contrassensos do internacionalismo.

Nestes últimos anos, quando eu respirava miasmas *austroboches* na arte, desejava mais autoridade para gritar minhas preocupações, avisar dos perigos de que nos aproximávamos tão credulamente. Ninguém suspeitava que essa gente estava conspirando a destruição de nossa arte, como tinham preparado a destruição de nossas pátrias? E esse antigo ódio nacional que só terminará com o último alemão! Mas haverá algum dia um "último alemão"? Porque estou convencido de que os soldados alemães geram novos soldados alemães.

Quanto aos *Noctumes*, Doret (o compositor suíço) tem razão, fiz muitas modificações. Infelizmente são editados por Fromont, Rue du Colisée, um editor com o qual não estou mais associado. Outro transtorno é que não há mais copistas atualmente capazes de fazer esse trabalho delicado. Vou continuar procurando, e tentarei encontrar um caminho que satisfaça Ansermet.

É preciso confessar que a música está em má situação por aqui... Serve só para fins caritativos, e não devemos reclamar por isso. Fiquei aqui por mais de um ano, incapaz de escrever música. Só durante os últimos três meses, passados à beira-mar com amigos, recuperei a faculdade do pensamento musical. A menos que se esteja pessoalmente envolvido nela, a guerra é um estado de espírito contrário ao pensamento. Goethe, aquele egoísta olímpico, foi o único que pôde trabalhar, dizem, no dia em que o exército francês invadiu Weimar... E também houve Pitágoras que foi morto por um soldado no momento em que ia resolver só Deus sabe que problema.

Recentemente não escrevi senão música pura, doze estudos para piano e duas sonatas para diferentes instrumentos, na nossa velha forma que generosamente não impôs esforços tetralógicos\* de audição.

---

\* Na versão inglesa: *tetralogical*. Seria uma referência à *Tetralogia*, de Wagner? O termo não está registrado em inglês, em francês ou em português. (N. da T.)

E você, caro amigo, que tem feito? Pelo amor de Deus não pense que precisa responder a esta pergunta. Faço-a não por vulgar curiosidade, mas por pura afeição.

E sua mulher e filhos? Tem tido preocupações com eles?

Minha mulher teve muitos problemas com os olhos, e com um insuportável reumatismo nevrálgico. Chouchou está resfriada; faz disto algo de muito sério, pela atenção que dedica a sua pessoinha.

É muito difícil saber quando nos veremos, e assim temos apenas o fraco recurso das "palavras"... Bem, acredite-me seu velho amigo e sempre devotado

CLAUDE DEBUSSY

Minhas lembranças afetuosas a sua querida família. Recebi notícias da Société des Auteurs informando-me que você me escolheu como padrinho para sua admissão nessa sociedade. Obrigado.

*4. Jacques Rivière*

R.C. Você disse que Jacques Rivière foi, como editor da *Nouvelle Revue Française*, o primeiro crítico a intuir sobre sua música. Que qualificações musicais tinha ele?
I.S. A esta distância, não estou realmente apto a responder, porque, embora conhecesse bem Rivière antes da guerra de 1914, não o vi depois, e, em quarenta e quatro anos, as lembranças mudam de cor. Entretanto, posso dizer que, na ocasião, eu considerava suas críticas sobre meus bailados como literárias, mais inspiradas na totalidade do espetáculo do que na minha música. Ela *era* musical, por certo, e seus gostos musicais eram genuínos e cultos; mas, se era capaz de seguir o argumento musical de *Le Sacre du Printemps*, não posso mais julgar. Lembro-me de Jacques Rivière como um homem alto, louro, um jovem intelectualmente enérgico, apaixonado baletômano e, ao mesmo tempo, um homem de profunda vocação religiosa. Vinha a Genebra de tempos em tempos quando eu lá morava, e esses encontros com ele sempre me proporcionavam grande prazer. Viveu num semirretiro, depois da guerra, com a saúde arruinada pelos anos em que foi prisioneiro dos alemães, e morreu ainda jovem, um homem alquebrado.

Relendo suas cartas fico impressionado: (a) com a doença dos franceses quanto aos ingressos de teatro; eles farão qualquer coisa para recebê-los grátis e não *comprá-los*; Rivière, se estava tão *vivamente* interessado em *Le Rossignol*, por que não foi ao guichê e deu por eles alguns francos? e (b) com a prova, na sua quarta carta, de quão rapidamente a moda se tinha virado contra Debussy no ano seguinte à sua morte.

4.1 Cartas de Jacques Rivière

I     EDITIONS DE LA NOUVELLE REVUE FRANÇAISE
35 e 37 RUE MADAME

PARIS
*4 de fevereiro de 1914*

Caro Stravinski,

Estou um pouco atrasado em lhe expressar minha gratidão. Mas estive próximo de você em pensamento todos esses dias, porque comecei a pôr no papel algumas ideias sobre *Le Rossignol*\*.

Você foi muito amável por ter mandado esses dois bilhetes para Gallimard e para mim. Deram-nos um grande prazer.

Pretendo ir ao seu concerto\*\* no sábado, e talvez tenha oportunidade de apertar-lhe a mão.

Creia, meu caro Stravinski...

JACQUES RIVIÈRE

---

\* Eu estava em Leysin, em janeiro de 1914, completando *Le Rossignol*. Cocteau foi até lá na esperança de me persuadir a colaborar com ele num trabalho que deveria se chamar *David*, e Diaghilev veio poucos dias depois com a intenção expressa de desencorajar esse mesmo projeto. De qualquer modo, as relações Diaghilev-Cocteau não eram ideais naquele momento, já que Diaghilev não podia suportar a afeição de Cocteau por Nijinski, mas a desculpa de Diaghilev para a viagem foi *Le Rossignol*. Até então ele havia ignorado a existência desta ópera (por inveja – fora encomendada por um teatro de Moscou), mas depois as pessoas que deviam montá-la tinham ido à falência, e ele estava agora muito interessado: eu já havia sido pago por elas (10.000 rublos, uma imensa quantia para 1909) assim ele teria a ópera de graça. Voltamos a Paris onde toquei *Le Rossignol* para Ravel e um grupo de amigos. Entre eles estava Jacques Rivière.

\*\* Não me lembro desse concerto.

2                                                           PARIS
                                                 *25 de maio de 1914*

Caro Senhor,

   Seria extremamente indiscreto de minha parte pedir-lhe dois ou três ingressos para a estreia de *Le Rossignol*? Tomo esta liberdade somente porque soube que grande número de bilhetes complementares estaria disponível. Você bem pode imaginar o quanto desejo que minha mulher ouça essa obra que, desde já, tenho a certeza de que vai me proporcionar um grande prazer.* Mas caso não seja possível, não hesite em dizê-lo. Se você só puder obter os bilhetes para o segundo espetáculo, não irei recusá-los, embora, naturalmente, preferisse assistir à estreia. Ontem ouvi mais uma vez a música de *Petruchka*, e com profunda emoção.
   Peço-lhe, caro senhor, que desculpe se fui importuno, e que creia na minha amizade e na minha simpatia.

                       JACQUES RIVIÈRE

3                                                           PARIS
                                                   *Maio de 1914*

Caro senhor,

   Foi muito amável de sua parte ter se lembrado de mim, e eu lhe agradeço de todo coração. Infelizmente eu tinha me ausentado na ocasião em que chegou seu telegrama, e esse foi o motivo por que não utilizei o lugar que me ofereceu em seu camarote. Consegui entrar na Ópera, entretanto, mas as condições em que assisti a *Le Rossignol* foram tão desfavoráveis, que ainda não me sinto capaz de julgá-lo convenientemente. Mas já vejo que a obra me promete belas descobertas nos próximos espetáculos.
   Mais uma vez obrigado, caro senhor, e creia, por favor, em minha simpatia e minha admiração.

                       JACQUES RIVIÈRE

---

* Ele assistira a alguns ensaios.

NOUVELLE REVUE FRANÇAISE
35 e 37 RUE MADAME,
PARIS
*6 de abril de 1919*

Prezado Stravinski,

Pedi a Auberjonois* para lhe dizer do prazer que sua carta me proporcionou. Provavelmente ele o disse, mas volto a agradecer-lhe sinceramente.

Hoje, contudo, é outro o assunto que desejo tratar com você. Talvez você já tenha sabido que meus amigos decidiram entregar-me a direção da *Nouvelle Revue Française*, que irá aparecer novamente em 1º de junho. É uma honra de que muito me orgulho, mas é também um fardo pesado e fonte de graves preocupações.

Pretendo dirigir a atenção da revista para os movimentos anti-impressionista, antissimbolista e anti-Debussy, que estão se tornando cada vez mais definidos e ameaçam tomar a forma e a força de uma vasta corrente nova. Ficaria extremamente feliz se você achasse que poderia nos mostrar num artigo (você mesmo pode decidir as dimensões), suas atuais ideias sobre música, e a significação do trabalho a que se está dedicando neste momento.

Mas não pense que foi esquecido aqui. Todos que encontro falam em você constantemente. A influência de *Petruchka* e de *Le Sacre*, e mesmo de obras mais recentes, exercida sobre os músicos jovens é evidente. Um artigo seu será lido com curiosidade e simpatia em todo o mundo. Para sua facilidade, você pode escrever em russo. Se não tiver quem traduza, creio que posso me ocupar disto, com a condição de que você mande o manuscrito legível. Claro que vou submeter minha tradução a sua aprovação.

Não preciso dizer que, embora não prometa montanhas de ouro, vou lhe garantir, para seu trabalho, o melhor pagamento possível.

Perdoe-me por ter cumprido apenas uma parte das incumbências que você me confiou quando de nosso último encontro em Genebra. A maioria das pessoas que você me pediu para ver estavam fora de Paris quando cheguei, e eu mesmo estive ausente tanto tempo que, quando afinal voltei, alguns dos pedidos estavam ultrapassados.

* O falecido pintor suíço René Auberjonois que projetou os cenários da primeira montagem de *L'Histoire du Soldat*.

Vou aguardar confiante sua resposta, esperando que não seja senão favorável, e, nesta convicção, peço-lhe, meu caro Stravinski, que acredite na minha mais profunda amizade.

JACQUES RIVIÈRE

P.S. Não se esqueça de dar lembranças a Ramuz* e a Auberjonois. Se lhe for difícil enviar-me seu manuscrito por causa do russo, me informe, por favor, e pedirei a alguém do Ministério do Exterior para facilitar a remessa e obter a necessária autorização.

5                                                                PARIS
*21 de abril de 1919*

Meu caro Stravinski,

É evidente que sua carta foi um desaponto, já que me privou de sua colaboração; mas encantou-me também, porque acho, como você, que o verdadeiro criador não deve perder seu tempo discorrendo sobre as tendências e consequências de sua arte. Seu próprio trabalho deve ser autoexplicativo. No entanto, se algum dia lhe der vontade de escrever, não sobre você, mas sobre outros, sobre Debussy, por exemplo, ou sobre a música russa contemporânea, ou outro qualquer assunto, pense então em mim, e não esqueça que nossas páginas estão sempre abertas para você.

Com amizade,

JACQUES RIVIÈRE

P.S. Que é esta nova "Suíte de *L'Oiseau de Feu*", um bailado?**

---

\* C. F. Ramuz, romancista suíço e colibretista, comigo, de *L'Histoire du Soldat*.

\*\* Suponho que está se referindo a minha versão 1919, da Suíte de *L'Oiseau de Feu*.

## 5. Ravel

R.C. Você tem alguma noção de onde possa estar o manuscrito seu e de Ravel para a instrumentação de *Kovanshchina*?
I.S. Deixei-o em Ustilug na minha última viagem à Rússia; daí presumo que esteja perdido ou destruído. (Gostaria que alguém que viajasse por Volínia e passasse por Ustilug investigasse se minha casa ainda existe; não há muito, algumas pessoas amáveis me mandaram uma foto, mas não mencionaram se tinha sobrevivido à invasão nazista, e eu não poderia dizer se a foto é de antes ou depois da guerra.) Estou certo, porém, de que Bessel já fizera a gravação na Rússia, pouco antes da guerra (de 1914). Logo, as matrizes deveriam estar com os herdeiros da firma russa de Bessel. Lembro-me de uma questão de dinheiro com ele que achou que estávamos pedindo muito caro, e argumentou que "Mussorgski recebeu apenas uma fração do que vocês estão pedindo". Respondi que, já que eles haviam pago a Mussorgski exatamente nada, já que tinham conseguido fazer com que o pobre homem passasse fome, maior seria a razão para que nos pagassem mais.

A ideia de pedir a Ravel para colaborar comigo na instrumentação de *Kovanshchina* foi minha. Tive medo de que não ficasse pronta para a estação de 1913, e precisava de ajuda. Infelizmente, contudo, Diaghilev se importava menos em obter uma boa instrumentação da ópera e em salvá-la de Rimski-Korsakov, do que que a nossa versão fosse um novo veículo para Chaliapin. Este idiota sob qualquer ponto de vista exceto o vocal, e mesmo sob alguns aspectos deste, não se deu conta do valor de tal instrumentação. Recusou-se a cantar, e o projeto foi abandonado, embora nós já tivéssemos feito uma considerável parte do trabalho. Orquestrei a ária banal e famosa de Chakloviti, o coro final, e outras partes de que não me lembro. Mussorgski apenas esboçara – na verdade apenas projetara – o coro final; comecei com o original de Mussorgski e compus a partir de Mussorgski, ignorando Rimski-Karsakov.

Ravel veio a Clarens como meu hóspede e trabalhamos juntos lá, em março e abril de 1913. Naquela mesma ocasião, compus as *Canções Japonesas* e Ravel seus *Trois Poèmes de Mallarmé* que ainda prefiro a qualquer outra música sua. Recordo-me de uma excursão que fiz com Ravel de Clarens a Varese, perto do Lago Maggiore, para comprar papel de Varese. A cidade estava muito cheia e não encontramos quartos em hotéis, nem mesmo duas camas; então dormimos os dois na mesma cama.

Ravel? Quando penso nele, por exemplo, em relação a Satie, não me parece extraordinário. Seu julgamento musical era muito agudo, entretanto, e eu diria que foi o único músico que entendeu imediatamente *Le Sacre du Printemps*. Era seco e reservado e, às vezes, suas observações escondiam algumas flechas, mas sempre foi para mim um bom amigo. Guiou um caminhão ou uma ambulância durante a guerra, como você sabe, e me espanto com isso porque, com sua idade e seu nome, poderia ter tido uma ocupação mais suave – ou não ter feito nada. Parecia antes patético de uniforme: tão pequeno, era duas ou três polegadas menor do que eu.

Acho que Ravel sabia, quando entrou no hospital para sua última operação, que seria seu derradeiro sono. Ele me disse: "Eles podem fazer o que quiserem com meu crânio enquanto o éter fizer efeito". Não fez efeito, porém, e o pobre sentiu a incisão. Não o visitei nesse hospital, e a última visão que tive dele foi numa capela fúnebre. A parte superior da cabeça estava ainda bandada. Seus últimos anos foram cruéis, porque estava perdendo a memória gradualmente e também a capacidade de coordenação e, naturalmente, tinha consciência disso. Gogol morreu gritando, e Diaghilev rindo (e cantando *La Bohème* que ele amava de verdade e tanto quanto amava a música), mas Ravel morreu aos poucos. Isto é o pior.

5.1. Cartas de Ravel

I  COMARQUES, THORPE-LE-SOKEN
*13 de dezembro de 1913*

Meu velho – faz muito tempo que não tenho notícias sensacionais sobre sua saúde. Há três semanas, ouvi boatos sobre sua morte súbita, mas não fiquei abalado porque na mesma manhã tínhamos recebido um cartão seu.

Delage* certamente lhe disse que seus *japoneses* serão apresentados em 14 de janeiro junto com os seus *hindus* e os meus *Mallarmés*... Contamos com sua presença.

Estarei em Londres dentro de três dias, e espero ouvir falar de *Le Sacre*

E o *Rossignol*, vai cantar breve?

Meus cumprimentos respeitosos a Mme. Stravinski, beijos nas crianças e creia na afeição de seu devotado

MAURICE RAVEL

* Maurice Delage, o compositor, um bom amigo meu nesta época. Minhas *Três Canções Japonesas* foram dedicadas a Maurice Delage, Florent Schmitt e Maurice Ravel, respectivamente.

2                                SAINT JEAN DE LUZ
                                *14 de fevereiro de 1914*

Caro Igor,

Soube por Mme. Casella* que Mme. Stravinski foi para Leysin. Espero que seja apenas por precaução. Por favor, mande--me uma palavra tranquilizadora.
Refugiei-me aqui na minha terra natal para trabalhar, já que o trabalho estava se tornando impossível em Paris. Beije as crianças por mim, e apresente a Mme. Stravinski meus cumprimentos respeitosos. Acredite na afeição de seu devotado

MAURICE RAVEL


3                                SAINT JEAN DE LUZ
                                *26 de setembro de 1914*

Mande-me notícias suas, meu velho, que fim você levou, em tudo isso?
Edouard** alistou-se como motorista. Eu não tive tanta sorte. Não precisavam de mim. Espero, quando eles tiverem reexaminado todos os soldados dispensados, e depois de todas as medidas que vou tomar, que eu possa voltar a Paris, se tiver meios.
A ideia de que eu iria embora forçou-me a fazer o trabalho de cinco meses em cinco semanas. *Acabei* meu Trio. Mas fui obrigado a abandonar os trabalhos que esperava acabar neste inverno; *La Cloche Engloutie*!! e um poema sinfônico: *Wien*!!!*** Naturalmente agora este assunto é fora de propósito. Como vai sua mulher? e as crianças? Escreva-me depressa, meu velho. Se você pudesse saber como é doloroso estar longe de tudo!
Lembranças afetuosas a todos. Sem notícias dos Benois. Que fim levaram?

MAURICE RAVEL


* O compositor Alfredo Casella e sua mulher estavam morando em Paris naquela época.
** Irmão de Ravel.
*** Tornou-se, depois, *La Valse*.

4  PARIS
*14 de novembro de 1914*

*Cher vieux,*

Estou de volta a Paris... e não me convém nem um pouco. Mais do que nunca desejo ir embora. Não posso mais trabalhar. Quando chegamos, mamãe precisou guardar o leito. Agora se levantou, mas precisa ter uma dieta sem albuminas. Sua idade e suas angústias são, naturalmente, a causa de seu estado. Sem notícias de Edouard desde 28 de outubro; um mês, e não sabemos o que lhe aconteceu.

Delage está agora em Fontainebleau. De vez em quando é mandado em missão a alguma parte. Schmitt*, que estava mortalmente caceteado em Toul, finalmente obteve permissão para ir para a frente. Os Godebskis** ainda estão em Carantec. Eu ainda não vi Misia.

Lembranças minhas a sua família, *cher vieux*. Escreva-me depressa, por favor. Acredite na minha fraternal amizade.

MAURICE RAVEL

5  *19 de dezembro de 1914*

*Vieux,*

Está combinado: você vem e dorme (sem conforto) no depósito que era o quarto de meu irmão e que foi transformado em quarto persa para você. Mas venha depressa, senão você não me encontrará mais aqui. Vou trabalhar como motorista. Foi o único meio que encontrei para chegar à cidade, onde precisava assistir a *Daphnis et Chloè*. Você não me deu notícias de seu irmão. Espero que esteja completamente restabelecido. Tente apressar sua chegada.

Nossos pensamentos afetuosos para você.

MAURICE RAVEL

---

\* Florant Schmitt.
\*\* Cipa Godebski, com sua mulher e filhos, Jean e Mimi. Os Godebskis, especialmente Misia Godebski Sert, eram bons amigos de Ravel e meus. O número de *L'Oeil* do Natal de 1956 traz a história dessa família extraordinária.

6                                    *2 de janeiro de 1915*

Então, *vieux*. Tudo estava preparado para dar a você, nosso aliado, uma acolhida condigna. O quarto persa com véus de Gênova, estampas do Japão, brinquedos da China, em resumo, uma síntese da "temporada russa". Sim, havia até mesmo um Rouxinol de corda – e você não vem... Ah, o capricho de um eslavo! E graças a este capricho recebi uma palavra de Szántó* encantado por saber que estarei na Suíça no fim de janeiro. Escrevi a você dizendo que breve vou embora, mas duvido que me mandem para seus lados.

Espero notícias de seu irrnão, de você, e de toda sua família. Enquanto isso, aceite nossos afetuosos votos para o Ano Novo (novo estilo).

Seu devotado,

MAURICE RAVEL

7                                    *16 de setembro de 1919*

Caro Igor,

Estou desolado por não ter visto você. Por que não telefonou para Durand?** Eles lhe teriam dado meu endereço e meu telefone (Saint Cloud 2.33). Bem, espero encontrar você breve, talvez mesmo em Morges, porque vou tentar ir até lá ver meu tio antes do fim do outono. Continuo sem fazer nada. Estou provavelmente esvaziado por dentro. Dê-me notícias suas logo, e se você passar por Paris tente ser um pouco mais esperto e mais eficiente.

Para todos, minhas afetuosas saudações,

MAURICE RAVEL

* Pianista e compositor, conhecido de todos nós, fez uma transcrição para piano de *Marcha Chinesa* de meu *Rossignol*.
** Os editores de música.

*26 de junho de 1923*

Caro Igor,

Suas *Noces* são maravilhosas! Sinto não ter podido ouvir e assistir a mais espetáculos. Mas já me parecia pouco prudente ter ido aquela noite; meu pé estava muito inchado, e agora devo voltar e descansar de novo pelo menos até o próximo domingo. Muito obrigado, *mon vieux*.

Afetuosamente,

MAURICE RAVEL

## 6. Satie

*R.C.* Quais as suas recordações de Erik Satie?
*I.S.* Era, sem dúvida, a pessoa mais estranha que jamais conheci, porém a mais extraordinária, e a mais permanentemente espirituosa também. Eu gostava muito dele e ele aparentemente apreciava minha amizade, eu acho, e me queria bem. Com seu *pince-nez*, seu guarda-chuva e suas galochas, parecia um perfeito mestre-escola; mas, mesmo sem esses acessórios, tinha exatamente o mesmo ar. Falava com muita suavidade, quase sem abrir a boca, mas enunciava cada palavra de uma maneira precisa, inimitável. Sua caligrafia me faz lembrar sua fala: é exata, bem lançada. Seus manuscritos eram também como ele, quero dizer, *fin*, como dizem os franceses. Ninguém nunca o viu lavando as mãos – tinha horror a sabonete. Em compensação estava a toda hora esfregando as mãos com pedra-pomes. Sempre foi muito pobre, por convicção, creio. Morava num bairro modesto, e seus vizinhos pareciam gostar muito que vivesse entre eles: era muito respeitado. Seu apartamento era também muito pobre. Não tinha cama; só uma rede. No inverno Satie enchia garrafas com água quente e colocava-as deitadas, em fila, sob a rede. Parecia uma estranha espécie de marimba. Lembro-me de que, uma vez, alguém lhe prometeu algum dinheiro e ele replicou: *"Monsieur*, o que o senhor disse não caiu em ouvidos surdos".

Seu sarcasmo correspondia aos clássicos hábitos franceses. A primeira vez que ouvi *Socrate*, numa *scéance* em que o tocou para uns poucos de nós, ele voltou-se, no final e disse com perfeita *bourgeoisie*: *Voilà, messieurs, dames.*

Encontrei-o em 1913, creio; de qualquer modo fotografei-o com Debussy naquele ano. Foi Debussy quem me apresentou a ele; Debussy o "protegia" e foi sempre um bom amigo de Satie. Naqueles primeiros anos, ele tocava muitas de suas composições para mim, ao piano. (Não acho que entendesse muito de instrumentos, e prefiro *Socrate* como ele tocava à partitura para orquestra, pesada, desajeitada.) As composições, eu achava literariamente limitadas. Os títulos são literários, e embora os de Klee também sejam, eles não limitam a pintura, enquanto os de Satie restringem a obra, menos divertida quando ouvida pela segunda vez. Mas o problema com *Socrate* é que é metricamente enfadonho. Quem pode aguentar aquela regularidade? Mesmo assim, a música da morte de Sócrates é única, no que tem de tocante e digna. A própria morte súbita e misteriosa de Satie, logo depois de *Socrate*, me abalou também. Ele havia se voltado para a religião, perto do fim de sua vida, e começou a tomar a comunhão, regularmente. Uma vez eu o encontrei, pela manhã, ao sair da igreja, e ele me disse com aquele seu modo especial: "*Alors, j'ai un peu communié ce matin*"*. Adoeceu de repente e morreu muito rápido, tranquilamente.

## 7. Schoenberg, Berg, Webern

*R.C.* Você pode me descrever seu encontro com Schoenberg, em Berlim, em 1912? Falaram alemão? Ele foi cordial ou distante? Foi um bom regente em *Pierrot*? Webern estava presente durante os ensaios de *Pierrot* em Berlim? Você tem alguma lembrança dele? Você escreveu sobre a instrumentação de *Pierrot*, mas não acerca do uso de estritos meios contrapontísticos ou de sua polifonia; como você se sentiu, no momento, com relação a essas inovações?

*I.S.* Diaghilev convidou Schoenberg para assistir a meus bailados *L'Oiseau de Feue Petruchka*, e Schoenberg retribuiu convidando-nos para *Pierrot Lunaire*. Não me lembro se foi ele, ou Scherchen, ou Webern quem dirigiu os ensaios a que assisti. Diaghilev e eu falávamos alemão com Schoenberg, e ele foi amável e efusivo, e tive a sensação de que estava interessado na minha música, especialmente em *Petruchka*. É difícil recordar nossas impressões a uma distância de quarenta e quatro anos; mas disto eu me lembro claramente: a substância instrumental de

---

* Então, eu comunguei um pouquinho hoje de manhã (N. da T.)

*Pierrot Lunaire* me impressionou muitíssimo. E, dizendo "instrumental", não me refiro apenas à instrumentação, mas a toda a estrutura contrapontística e polifônica desta brilhante obra-prima instrumental. Infelizmente não me lembro de Webern – embora esteja certo de tê-lo encontrado pelo menos na casa de Schoenberg em Zehlendorf. Imediatamente depois da guerra, recebi algumas cartas muito cordiais de Schoenberg indagando sobre diversas peças pequenas minhas que ele e Webern estavam preparando para execução nas suas famosas séries de concertos em Viena, na Verein für musikalische Privat-Aufführunge (Sociedade de Apresentações Musicais Privadas). Depois, em 1925, escreveu um verso muito maldoso a meu respeito (embora eu quase o perdoe, por emoldurá-lo em tão notável cânone especular). Não sei o que se passou neste ínterim.

*R.C.* E Berg, você conheceu?
*I.S.* Encontrei-o apenas uma vez, em Veneza, em setembro de 1934. Veio me ver no salão verde do La Fenice, onde dirigi meu *Capriccio* num concerto da Bienal, com Soulima, meu filho, ao piano. Embora fosse meu primeiro encontro com ele, e tenha durado alguns minutos apenas, lembro-me de que fiquei impressionado por seu famoso encanto e sutileza.

*R.C.* Sua opinião sobre Schoenberg e a posição que ele ocupa foi afetada pela recente publicação de suas obras inacabadas?
*I.S.* Elas ampliam muito a visão de seu âmbito criativo, mas acho que sua posição continua a mesma. Entretanto, qualquer nova obra de um mestre que chega ao nosso conhecimento desafia por certos juízos a seu respeito em algum aspecto particular – assim como Eliot disse que os trabalhos menores de Dante têm interesse porque são de Dante, também tudo que vem de Schoenberg, qualquer uma de suas primeiras obras, como o *Quarteto para Cordas* de 1897 ou um arranjo – a redução para piano do *Barbeiro de Sevilha*, datada de 1900 – têm interesse para nós porque são de Schoenberg. As mais interessantes das obras inacabadas são três peças para conjunto de instrumentos solistas, compostas em 1910 ou 1911. Elas nos levam a reconsiderar a extensão do débito de Webern a ele no que concerne ao estilo instrumental e à dimensão das peças curtas\*. Dessas obras inacabadas, a última a ser composta, os *Salmos Modernos*, de 1950-

---

\* Não. Ouvi estas peças diversas vezes posteriormente. Não se parecem com Webern, e a mais notável delas, a terceira, é mesmo muito diferente.

1951, mostram que Schoenberg continuou a explorar novos caminhos e a buscar novas leis para a música serial, até a sua morte. Dessas publicações póstumas, *Moses und Aron* tem categoria por si; enquanto as outras são inacabadas, esta é inacabada mas completa – como nos relatos de Kafka em que a natureza do assunto torna impossível um fecho tradicional. *Moses und Aron* é a obra mais longa da maturidade de Schoenberg e a última que ele escreveu na Europa. De qualquer modo não afeta nosso ponto de vista quanto a seu papel histórico. *Die Jakobs-leiter* (A Escada de Jacó), ou os cem compassos da obra que estão em estado de serem executados, talvez pudesse afetar\*; já que data do período de maior transição de Schoenberg, e é, praticamente, a única composição a representar os anos 1915-1922. Sua obra tem muitas desigualdades para que possamos abarcá-la como um todo. Por exemplo, quase todos os textos que foram musicados por Schoenberg são assustadoramente maus, alguns tão maus que desencorajam a execução da música. Também suas orquestrações de Bach, Haendel, Monn, Lowe, Brahms diferem das orquestrações comerciais apenas pela superioridade da maestria artesanal: suas intenções não são melhores. Na verdade, torna-se evidente, através de seu arranjo de Haendel, que Schoenberg não era capaz de dar o justo valor a uma música de âmbito harmônico "limitado"; e me disseram que ele considerava os virginalistas ingleses e, na verdade, toda música que não apresentasse uma "harmonia em desenvolvimento", como primitivos. Seu expressionismo é do tipo mais ingênuo como, por exemplo, nas indicações para a iluminação de *Glükliche Hand*; suas últimas obras tonais são tão inexpressivas quanto as de Regar (com as quais se parecem) ou as de César Franck, pois o motivo de quatro notas de *Ode a Napoleão* lembra este último compositor. E a sua distinção entre "melodia inspirada" e mera "técnica" ("coração" *versus* "cérebro") seriam artificiais se não fossem simplesmente ingênuas. Por outro lado, o exemplo que ele oferece de "melodia inspirada", o Adágio em uníssono de seu quarto quarteto, me causam profundo embaraço. Devemo-nos lembrar – e refiro-me à geração que agora diz "Webern e eu" – só das obras perfeitas: as *Cinco Peças para Orquestra* (que compensariam a perda de todas as obras dos primeiros dezenove *opus*), *Herzgewächse*, *Pierrot Lu-*

---

\* Agora acho *Die Jakobsleiter* decepcionante, e seis coros de *Sprechstime* (parte falada em obra musical) menos bons do que o início de *Die Glükliche Hand* (A Mão Feliz). Esta obra é, de fato, tão admirável que rouba a originalidade não só de *Jakobsleiter* mas mesmo de uma obra tão recente como *Le Visage Nuptial*, de Boulez.

*naire*, a *Serenade*, as *Variações para Orquestra* e, pela parte da orquestra, a canção *Seraphita* do op. 22. Graças a essas obras, Schoenberg está entre os maiores compositores. Os músicos hão de se basear nelas por muito e muito tempo. Elas constituem, junto com uns poucos trabalhos de não muitos outros compositores, a verdadeira tradição.

R.C.   Como você julga agora a música de Berg?

I.S.   Se eu fosse capaz de ultrapassar a barreira de estilo (o clima emocional radicalmente alienado de Berg) suspeito que ele iria me aparecer como o mais dotado construtor entre os compositores deste século, no que se refere à forma. Transcende mesmo as suas próprias modulagens mais abertamente conhecidas. De fato, é o único a ter realizado em larga escala formas tipo desenvolvimento, sem sugerir uma dissimulação "neoclássica". Seu legado, contudo, não fornece muita coisa sobre as quais se possa trabalhar. Berg se situa no fim de uma evolução (e forma e estilo não são processo tão independentes que possamos pretender usar uma e descartar-nos do outro), enquanto Webern, a Esfinge, legou um alicerce integral, bem como sensibilidade e estilo de características contemporâneas. As formas de Berg são temáticas (sob este aspecto, bem como sob muitos outros, ele é o oposto de Webern); a essência do trabalho de Berg e a estrutura temática são responsáveis pelo imediatismo da forma. Por mais complexa, por mais "matemática" que seja a estrutura temática, são sempre formas temáticas "livres" nascidas de "puro sentimento e expressão". A obra mais perfeita para se analisar este aspecto é *Três Peças para Orquestra*, op. 6, obra essencial creio eu, ao lado de *Wozzek* para o estudo de toda sua música. A personalidade de Berg naquelas peças está amadurecida, e elas me parecem uma expressão mais rica e livre de seu talento do que as obras dodecafônicas. Quando se considera sua data, 1914 – Berg contava então vinte e nove anos – são um verdadeiro milagre. Eu me pergunto quantos músicos as descobriram, mesmo agora, quarenta anos depois. Em muitos pontos sugerem o Berg posterior. A música no compasso 54 de *Reigen* é muito parecida com o motivo da "morte" ouvido primeiro na ária de Marie de *Wozzek*, por exemplo. Também a música do afogamento, na ópera, se assemelha à do compasso 162 de *Marsh*. A valsa e a música do compasso 50 de *Reigen* são wozzekianas, à maneira da cena da taverna do segundo ato, e o trinado com que *Reigen* termina, lembra o famoso trinado orquestral do fim do primeiro ato de *Wozzek*. O solo de violino no compasso 168 de *Marsh* já anuncia a música das últimas páginas de *Wozzek*, e a polifonia rítmica do motivo do compasso 75 da mesma peça soa como se fosse uma citação da ópera. Há prenúncios do *Kammerkonzert* também, por exemplo, no motivo da *Nebensrimme*, compasso 55 de *Reigen* e no solo do violino e das madeiras que se seguem. E cada um dos três atos de *Lulu* conclui com o mesmo ritmo dos acordes empregados quase no fim de *Reigen*.

A influência de Mahler faz-se muito presente em *Marsch*, mas mesmo esta obra se salva por um soberbo (não Mahler) final, que é – espero que me perdoem por observar esse fato – não de todo diferente de *Petruchka* quanto ao ponto de vista dramático: um clímax seguido de tranquilidade, depois algumas frases interrompidas em solo de instrumentos e a seguir o protesto final dos trompetes; o último compasso com os trompetes é uma das mais belas coisas que Berg escreveu. *As Três Peças para Orquestra* devem ser consideradas como um todo. Elas são um todo dramático, e as três se relacionam tematicamente (o esplêndido retorno do tema do *Preludium*, no compasso 160 de *Marsch*). A forma de cada peça individual também é dramática. Em minha opinião a mais perfeita na concepção e realização é o *Preludium*. A forma eleva-se e cai, é redonda, não é repetitiva. Começa e termina em percussão, e as primeiras notas dos tímpanos já são temáticas; então a flauta e o fagote expõem o principal motivo rítmico que prepara o solo do trombone alto, um dos sons mais nobres que Berg – ou alguém – já proporcionou ao ouvido humano por meio da orquestra. A imaginação, a técnica orquestral de Berg são fenomenais, especialmente para criar blocos orquestrais que entendo como o equilíbrio de toda a orquestra em diversos planos polifônicos. Um dos ruídos mais notáveis jamais imaginados por ele, é o do compasso 89 de *Reigen*, mas há muitas outras invenções sonoras notáveis: a entrada da tuba no compasso 110 de *Reigen* por exemplo, o compasso 49 de *Preludium* e o 144 de *Marsch*.

Tenho uma fotografia na minha parede de Berg e Webern juntos, que data mais ou menos do tempo da composição de *Três Peças para Orquestra*. Berg é alto, muito à vontade, quase bonito demais; seu olhar volta-se para fora. Webern é baixo, sólido, míope, de olhar baixo. Berg revela sua própria imagem na sua gravata de laço solto, de "artista"; Webern usa sapatos de tipo camponês, enlameados – o que para mim é uma profunda revelação. Quando olho essa foto, não posso deixar de me lembrar que, tão pouco tempo depois, ambos tiveram morte trágica e prematura, depois de anos de pobreza, abandono musical e finalmente banimento do meio musical de seu próprio país. Vejo Webern, que nos últimos meses frequentava o cemitério de Mittersill (onde foi enterrado), de pé, lá naquele sossego, olhando para as montanhas, como conta sua filha; e Berg, no fim, suspeitando que sua doença seria fatal. Comparo o destino destes homens que nada exigiram do mundo e que fizeram a música por meio da qual a primeira metade deste século será lembrada, e comparo com as "carreiras" de regentes, pianistas, violinistas – todos excrescências vãs. Então, essa fotografia de dois grandes músicos, dois espíritos puros, *herrliche Menschen*, me restitui o senso da justiça no mais profundo nível.

*R.C.* Você conheceu Bartók pessoalmente?
*I.S.* Encontrei-o pelo menos duas vezes na vida – uma em Londres, nos anos vinte, e mais tarde em Nova York, no princípio da década de quarenta; mas não tive oportunidade de me aproximar dele em nenhuma das vezes. Sabia que músico importante ele era, tinha ouvido maravilhas sobre a sensibilidade de seu ouvido, e reverenciava profundamente a sua religiosidade. Nunca, porém, pude compartilhar o gosto que demonstrou a vida inteira pelo folclore de sua terra. Esta devoção era, certamente, real e comovente, mas eu não podia deixar de lamentá-la no grande músico. Sua morte, em circunstâncias de real penúria, sempre me impressionou como uma das tragédias de nossa sociedade.

*R.C.* Você se sente como se sentia outrora (em *Poetics of Music*) com relação ao Verdi da velhice?
*I.S.* Não. Na verdade ainda me espanta, especialmente em *Falstaff*, a força com que ele resistiu ao wagnerismo, resistiu ou manteve-se à distância daquilo que se apoderava de todo o mundo musical mais avançado. A apresentação de monólogos musicais parece-me mais original em *Falstaff* do que em *Othello*; originais também a instrumentação, a harmonia, o desenvolvimento das partes vocais e instrumentais, mas nada disso deixou elementos capazes de criar uma escola – é tão diferente a originalidade de Verdi da de Wagner. O talento de Verdi é puro; mas mais notável do que este dom é a força com que ele o desenvolveu desde *Rigoletto* até *Falstaff*, para citar as duas óperas de que mais gosto.

*R.C.* Você agora chega a admitir alguma das óperas de Richard Strauss?

*I.S.* Gostaria de colocar todas as óperas de Strauss em algum purgatório que punisse a banalidade triunfante. Sua substância musical é barata e pobre; não pode interessar um músico hoje em dia. Aquela *Ariadne* agora tão em ascensão? Não posso suportar os acordes na segunda inversão, de Strauss: *Ariadne* me dá vontade de gritar. E Strauss em pessoa? Tive oportunidade de observá-lo de perto durante a produção de Diaghilev da *Josephs-legende* (Lenda de José); mais de perto do que em qualquer outra ocasião. Dirigiu a estreia dessa obra e passou algum tempo em Paris durante o seu preparo. Não quis nunca falar alemão comigo, embora meu alemão fosse melhor que o seu francês. Era muito alto, calvo, enérgico, a imagem do burguês alemão. Observava-o nos ensaios, e admirava a maneira como regia. Seu comportamento com a orquestra, contudo, não era dos melhores, e os músicos detestavam-no de todo coração; mas todas as observações que fazia eram corretas: seu ouvido e sua musicalidade eram inexpugnáveis. Naquela época sua música me lembrava Böcklin e outros pintores daquilo que nós então designávamos como os "Verdes Horrores Alemães". Alegra-me ver que os jovens músicos atuais venham apreciando os dotes líricos das canções do compositor que Strauss desprezava, e que é mais significativo do que ele em nossos dias: Gustav Mahler. Minha baixa estima pelas óperas de Strauss é de certo modo compensada por minha admiração por von Hofmannstahl. Conheci bem este fino poeta e libretista, vi-o em Paris e, creio, pela última vez, na estreia em Berlim de meu *Oedipus Rex* (ocasião em que Albert Einstein também veio me cumprimentar). Hofmannstahl era um homem de imensa cultura e elegantíssimo encanto. Li dele recentemente – no ano passado, antes de viajar para Hossios Loukas – seu ensaio sobre aquele lugar extraordinário, e fiquei satisfeito por ainda julgá-lo bom. Seus *Notebooks* (1922) são um de meus livros mais preciosos.

*R.C.* Você está interessado na atual revivência dos mestres italianos do século dezoito?
*I.S.* Não muito. Vivaldi é supervalorizado – um sujeito pouco brilhante que era capaz de compor a mesma forma muitas vezes. E apesar de minha predisposição em favor de Galuppi e Marcello (nascida mais graças a *Studies of the Eighteenth Century in Italy*, de Vernon Lee, do que à sua música), são compositores fracos. Quanto a Cimarosa, sempre estou esperando que abandone o tradicionalismo rigoroso e se transforme num Mozart; quando isto não acontece fico mais exasperado do que se Mozart nunca tivesse existido. Caldara eu respeito muito porque Mozart

copiou alguns de seus cânones; não conheço bem sua música. Pergolesi? *Pulcinella é* a única obra *dele* de que gosto. Scarlatti é diferente, mas, mesmo ele, variou tão pouco a forma. Tendo vivido parte dos últimos dois anos em Veneza, fiquei exposto a uma boa quantidade dessa música. O aniversário de Goldoni foi ocasião para que fossem executadas muitas óperas com libretos seus. Sempre lamento não poder apreciar Goldoni a fundo, com ou sem música – não entendo sua linguagem – mas ele me interessa mais do que os compositores que musicaram suas obras. No Teatro La Fenice ou no Chiostro Verde di San Giorgio, contudo, a gente gosta um pouco mais de todas as coisas do que gostaria em outro lugar qualquer.

A música "veneziana" que eu teria prazer de reviver é a de Monteverdi e a dos Gabrieli, a de Cipriano e de Willaert, e a de muitos outros – pois, mesmo o grande Obrecht foi "veneziano" num certo momento – a música daquele período tão mais rico e tão mais próximo de nós. É verdade que ouvi lá um concerto de Giovanni Gabrieli-Giovanni Croce, no ano passado, mas quase nada ficou do sentido da música de ambos. Os andamentos estavam errados, os ornamentos não existiam (ou também estavam errados), o estilo e o sentimento eram os de três séculos e meio depois, e a orquestra era a do século dezoito. Quando os músicos vão aprender que o que importa na execução da música de Grabrieli é o ritmo, e não a harmonia? Quando deixarão de tentar obter efeitos de massa oral com simples mudanças harmônicas, e salientar, articular aquelas maravilhosas invenções rítmicas? Gabrieli é polifonia rítmica.

*8. Dylan Thomas*

R.C. Qual era o assunto da "ópera" que você planejou com Dylan Thomas?

I.S. Não penso que se possa dizer que o projeto jamais foi além da escolha de um assunto, mas Dylan Thomas tinha uma ideia muito bonita.

Foi através de Auden, em Nova York, em fevereiro ou março de 1950, que ouvi falar dele pela primeira vez. Como um dia chegasse atrasado a um encontro, Auden desculpou-se dizendo que estivera ocupado tentando tirar um poeta inglês de certas dificuldades. Falou-me sobre Dylan Thomas, que eu li depois. E, em Urbana, no inverno de 1950, minha mulher foi ouvi-lo na leitura de poemas seus. Dois anos depois, em janeiro de 1952, produtor de cinema inglês Michael Powell veio me procurar em

Hollywood com um projeto que me atraiu bastante. Propunha fazer um curta-metragem, uma espécie de *masque*, com uma cena da *Odisseia*; precisava de duas ou três árias, de música instrumental pura, e de trechos declamados de poesia pura. Powell disse que Thomas concordara em escrever os versos. Pediu-me para compor a música. Infelizmente, não havia dinheiro. Onde estavam os anjos protetores, mesmo do tipo da Broadway, e por que nunca as comissões, os fundos, as doações, as fundações são acessíveis a Dylan Thomas? Lamento que esse projeto não se tenha realizado. *The Doctor and the Devils* prova, creio eu, que o talento de Dylan poderia ter criado um novo meio de comunicação.

Em maio de 1953, a Universidade de Boston propôs encomendar-me uma ópera com Dylan. Eu estava em Boston naquele momento, e Dylan, que se encontrava em Nova York ou New Haven, veio me ver. Logo que o avistei, tive a certeza de que só poderia querer-lhe bem. Mas era nervoso, fumava todo o tempo, sem parar, e queixava-se de fortes dores de gota. "Mas prefiro a gota à cura; não vou deixar um médico meter uma baioneta no meu corpo duas vezes por semana."

Seu rosto e sua pele tinham a cor e o edema próprios de quem bebe muito. Era mais baixo do que eu imaginava pelos retratos, não mais de cinco pés e cinco ou seis polegadas, com uma barriga e um traseiro grandes e protuberantes. Seu nariz era um bulbo vermelho e seus olhos vidrados. Tomou um copo de uísque comigo que o deixou mais à vontade, embora continuasse preocupado, dizendo que a mulher lhe recomendara voltar logo para Gales, "ou seria tarde demais". Falou-me sobre *The Rake's Progress.* Tinha ouvido sua primeira irradiação de Veneza. Conhecia bem o libreto e o admirava: "Auden é o mais competente de todos nós". Não sei o quanto ele sabia de música, mas falou acerca das óperas que conhecia e de que gostava, e acerca do que queria fazer. "Sua" ópera seria sobre a redescoberta de nosso planeta depois de uma catástrofe atômica. Haveria uma recriação da linguagem, só que a nova linguagem não teria abstrações; havia apenas gente, objetos e palavras. Prometia evitar licenças poéticas: "nenhum conceito; vou golpeá-los na cabeça". Falou-me sobre Yeats que, disse ele, foi quase o maior poeta lírico depois de Shakespeare, e citou de cor o poema com o refrão: *"Day break and a candle-end"*\*. Concordou em me encontrar em Hollywood logo que pudesse. Ao voltar para lá, mandei arrumar um quarto para ele, uma parte

---

\* O raiar do dia e um toco de vela. (N. da T.)

de nossa sala de jantar, já que não temos quarto de hóspedes. Recebi duas cartas dele. Escrevi-lhe, de Nova York, no dia 25 de outubro, perguntando quais os seus planos de chegada a Hollywood. Esperava um telegrama seu anunciando a hora do avião. No dia 9 de novembro, veio o telegrama. Dizia que Dylan estava morto. Só pude chorar.

## 8.1 Cartas de Dylan Thomas

I
                THE BOAT HOUSE, LAUGHARNE
                            CAMARTHENSHIRE, GALES
                                     *16 de junho de 1953*

Caro senhor Stravinski,

Fiquei muito contente por tê-lo conhecido rapidamente em Boston; e o senhor e a senhora Stravinski não poderiam ter sido mais amáveis comigo. Espero que se recupere logo.

Ainda não tive notícias de Sarah Caldwell*, mas estive pensando muito sobre a ópera, e tenho algumas ideias – boas, más e caóticas. Logo que possa botar algo no papel, gostaria de mandá-las ao senhor, se me permitir. Quebrei o braço pouco antes de deixar Nova York na semana retrasada, e ainda não posso escrever direito. Foi uma fratura pequena, dizem, mas estalou como um revólver.

Acho que gostaria muito – se ainda deseja que eu trabalhe com o senhor; e ficaria muito honrado e estimulado a fazê-lo – de ir à Califórnia no fim de setembro ou começo de outubro. Seria conveniente? Assim espero. E, por aquela data, tenho esperança de já ter algumas ideias mais claras sobre o libreto.

Mais uma vez obrigado. E por favor apresente meus cumprimentos a sua mulher e ao Sr. Craft.

                            Sinceramente

                        DYLAN THOMAS

---

* Da Universidade de Boston

2

THE BOAT HOUSE, LAUGHARNE
CAMARTHENSHIRE, GALES
*22 de setembro de 1953*

Caro Igor Stravinski,

Muito, muito obrigado por suas duas cartas tão gentis, e por mostrar-me a carta que escreveu ao Sr. Choate, da Universidade de Boston. Antes desta, deveria ter-lhe escrito outra, mas fiquei esperando até ter certeza de quando poderia ir aos Estados Unidos; e o empresário de conferências lá em Nova York, que é quem torna possível a minha vinda, foi terrivelmente lento nas suas combinações. Só tive notícias dele esta semana. Agora é certo que estarei em Nova York no dia 16 de outubro, e deverei ficar lá fazendo algumas leituras de poesia e tomando parte nos espetáculos de uma pequena peça minha até o fim de outubro. Gostaria então, se fosse possível, de ir direto para a Califórnia a fim de estar com você e combinarmos o primeiro estágio de nosso trabalho. (Tenho a certeza de que não preciso dizer o quanto estou contente por poder escrever a palavra "nosso". É maravilhoso pensar nisto.)

Um dos meus principais problemas, naturalmente, é o dinheiro. Não tenho nada de meu, e o pouco que ganho parece que vai para pagar a escola de meus filhos que insistem em crescer, em ficar mais velhos o tempo todo. O homem que organizou minhas palestras em outubro, em algumas universidades do Leste e no Poetry Center de Nova York, está pagando minhas despesas de ida e volta a Nova York. Mas de lá até a Califórnia, terei de pagar de meu bolso com o que receber pelos recitais. Espero muito que tudo dê certo. Talvez eu possa fazer outros recitais ou discursos empolados na Califórnia para ajudar minhas despesas. (Confiava receber a quantia para esses gastos de viagem, etc. da Comissão da Universidade de Boston.) Quero levar minha mulher Caitlin, e ela acha que poderá ficar com amigos em São Francisco enquanto eu trabalho com você em Hollywood. De qualquer modo terei de arranjar tudo da melhor forma possível, e não devo incomodá-lo agora com isso. O dinheiro para a Califórnia virá de algum jeito, vou rezar para que os corvos façam algum dinheiro sobre o deserto. O *principal*, eu sei, é que eu esteja a seu lado o mais breve possível para começarmos – bem, para *começarmos* não importa o que venha a ser. Estive pensando muito sobre o assunto.

Lamento saber que esteve de cama tanto tempo; espero que agora esteja realmente bem. Meu braço já está bom e tão fraco quanto o outro.

Se não me escrever para Gales antes de minha partida a 7 de outubro, meu endereço americano será: aos cuidados de J.M. Brinnin, Poetry Center, YM–YWHA, 1395 Lexington Avenue, Nova York, 28. Mas de qualquer modo vou escrever assim que chegar lá.

Já estou antegozando enormemente o prazer de reencontrá-lo e de trabalhar com você. E prometo não falar a ninguém sobre isto – (embora seja difícil calar).

      Muito sinceramente,

      DYLAN THOMAS

## 3. DE MINHA VIDA E MINHA ÉPOCA, E DE OUTRAS ARTES

*R.C.* Certa vez ouvi você descrever os rápidos vislumbres que teve, quando menino, do Czar Alexandre III.

*I.S.* Vi o Czar muitas vezes quando passeava com meus irmãos e nossa governanta pelo cais do Rio Moyka em São Petersburgo, ou pelos canais adjacentes.

O Czar era um homem muito grande. Ocupava todo o assento de um *droshki* conduzido por um cocheiro de troica tão grande e obeso quanto ele. O cocheiro usava um uniforme azul-escuro com o peito coberto de medalhas. Ia sentado num banco elevado diante do Czar de modo que seu traseiro, como uma enorme abóbora, estava apenas a poucos centímetros da cara do Czar. Este tinha de responder às saudações das pessoas na rua levantando a mão direita em direção à têmpora. Como era reconhecido por todo mundo, era obrigado a fazer o gesto quase sem interrupção. Suas aparições me davam grande alegria e eu esperava por elas ansiosamente. Tirávamos o chapéu e recebíamos o gesto de reconhecimento do Czar, sentindo-nos deveras importantes.

Também vi o mesmo Czar numa festa inesquecível, um cortejo que passou pela nossa rua a caminho do Teatro Imperial de Mariinski. Era em honra ao Xá da Pérsia e o clímax de uma importante visita política. Obtivemos lugares na janela do primeiro andar de nosso cabeleireiro. O mais rutilante desfile de todos os tipos de cavalaria passou por nós: guardas imperiais, carruagem com grão-duques, ministros, generais. Lembro-me de um ruído prolongado, como o de uma floresta: o "hurra" do povo nas ruas vindo num crescendo, em ondas cada vez mais próximas à medida que se avizinhava o carro do Czar e do Xá.

R.C. Seu pai e Dostoiévski eram amigos. Suponho que você, quando criança, ouviu muitas coisas sobre ele.

I.S. Dostoiévski ficou no meu espírito como o símbolo do artista continuamente precisado de dinheiro. Minha mãe falava dele assim; ela dizia que ele estava sempre cavando. Fazia leituras de suas obras que eram promovidas por meus pais, mas eles se queixavam de que eram muito maçantes. Dostoiévski era apreciador de música e muitas vezes ia aos concertos com meu pai.

Diga-se de passagem que eu ainda o considero o maior russo, depois de Púchkin. Atualmente, quando se espera que nossa escolha revele algo sobre nós, se optamos por Freud ou Jung, por Stravinski ou Schoenberg, por Dostoiévski ou Tolstói, eu sou dostoievskiano.

R.C. Ouvi dizer que achava Ibsen "linear".

I.S. Em maio de 1905, pouco depois da separação da Noruega da Suécia, eu e meu irmão mais moço, Gury, fomos em férias à Escandinávia, onde nos demoramos cerca de um mês. Navegamos de São Petersburgo até Kronstadt e Helsinki, ficando nesta cidade por uns dias, com meu tio que era governador civil da Finlândia. Depois, fomos por mar para Estocolmo, demorando-nos o suficiente para assistir ao espetáculo de *Marriage de Figaro*; em seguida fomos pelos belos canais lacustres até Goteborg onde trocamos de navio com destino a Copenhague e Oslo. Fazia um delicioso tempo de primavera em Oslo, frio mas agradável. Um dia, parecia que toda a população estava nas ruas. Íamos num *droshki*, e o amigo que estava conosco disse para observarmos o homem de pequena estatura que estava na calçada à nossa direita. Era Henrik Ibsen. Usava cartola, e seu cabelo era branco. Andava com as mãos cruzadas nas costas. Algumas coisas que vemos nunca mais saem de nossos olhos, nunca se mudam para o fundo da mente. Assim ficou Ibsen em meus olhos.

*R.C.* Numa certa época foi amigo de D'Annunzio, não foi?
*I.S.* Eu estive muito com ele antes da guerra de 1914, mas Diaghilev já o conhecia antes; era um grande entusiasta do nosso Ballet Russe. Encontrei-o pela primeira vez em Paris na casa de Mme. Golubev, uma senhora russa da escola de Mme. Récamier – durante as reuniões ela ficava todo o tempo estendida num divã com o cotovelo erguido e com a cabeça apoiada na mão. Um dia D'Annunzio entrou em seu salão: um homem pequeno, vivo e garboso, muito perfumado e muito calvo (Harold Nicolson comparou sua cabeça com um ovo, em *Some People*; a comparação é correta). Era um conversador brilhante, rápido e muito divertido, tão diferente do "falatório" de seus livros. Eu me recordo de que estava muito animado com minha ópera *Le Rossignol*; quando, depois da estreia, a imprensa francesa de modo geral a atacou, D'Annunzio escreveu um artigo em sua defesa que eu gostaria de ter conservado até hoje. Ainda o vi muitas vezes depois desta ocasião. Veio a meu apartamento em Paris, assistiu aos espetáculos do Ballet e a concertos meus na França e na Itália. Depois, subitamente se descobriu que seu execrável gosto literário combinava em tudo com o execrável gosto de Mussolini. Deixou de ser um "tipo", de ser divertido. Mas, sobreviva ele ou não como autor legível, sua influência ficará: a decoração de muitas casas italianas ainda seguem as descrições de seus romances.

Numa recente visita a Asolo, para ver o compositor Malipiero, lembrei-me muito de D'Annunzio. O próprio Malipiero tem uma casa extraordinária e não de todo "não d'annunziana", uma bela construção veneziana na encosta de uma colina. Entra-se sob uma inscrição latina e mergulha-se na mais profunda noite. A escuridão é uma deferência para com um par de corujas que, de dentro de gaiolas cobertas, nos cantos escuros, depois que Malipiero toca ao piano as duas notas:

elas piam na maior afinação. No jardim há provas de sua afeição por outras emplumadas criaturas de Deus: frangos enterrados em sepulturas com inscrições; os frangos de Malipiero morrem de velhice.

R.C.  Você conheceu Rodin, não conheceu?
I.S.  Fui apresentado a ele no Grand Hotel de Roma pouco antes do começo da Primeira Guerra Mundial. Diaghilev organizara ali um concerto beneficente no qual eu regi a Suíte de *Petruchka*. Confesso que estava mais interessado nele, por causa de sua fama, do que por causa de sua arte, pois não compartilhava do entusiasmo de seus numerosos e sérios admiradores. Encontrei-o novamente algum tempo depois num de nossos espetáculos de bailado em Paris. Cumprimentou-me amavelmente como se eu fosse um velho conhecido, e naquele momento lembrei-me da impressão que seus dedos me haviam causado quando de nosso primeiro aperto de mão. Eram macios, bem ao contrário do que eu esperava, e não pareciam pertencer à mão máscula, especialmente à de um escultor. Usava uma longa barba branca que descia até o umbigo por cima da sobrecasaca abotoada, e pelos brancos cobriam-lhe todo o rosto. Estava sentado, lendo com auxílio de um *pince-nez* o programa de uma récita do Ballet Russe, enquanto as pessoas esperavam impacientemente – sem saber quem ele era – que o grande artista se levantasse para dar-lhes passagem. Dizem que Rodin desenhou um esboço meu. Que eu saiba, não o fez. Talvez o informante o tenha confundido com Bonnard que, na verdade, desenhou um bom retrato meu, em 1913, infelizmente perdido com todos os meus pertences, na minha propriedade da Rússia.

R.C.  Não houve também uma história de que Modigliani fez o seu retrato?
I.S.  Sim. Não me lembro das circunstâncias claramente, mas visitei-o em companhia de Léon Bakst em 1912 ou 13, porque ou ele ou eu ou Diaghilev tínhamos concebido o projeto de que ele me fizesse um retrato.

Não sei por que isto não se realizou – se Modigliani estava doente, o que acontecia frequentemente, ou se eu precisei me ausentar com os bailados. Naquele tempo eu tinha uma imensa admiração por ele*.

---

* Um retrato meu por Modigliani foi descoberto depois dessas minhas observações. É um quadro grande, a óleo cinza, preto e marfim, sem data, mas ao estilo do período dos retratos de Max Jacob e Cocteau. Foi autenticado por especialistas como Zborovsky, Schoeller e George Guillaume, e por uma declaração de Picasso. *"Je pense que ce tableau est un portrait de*

*R.C.* Mais uma pergunta sobre pintores. Uma vez ouvi você descrever seu encontro com Claude Monet.

*I.S.* Não sei onde Diaghilev achou o velhinho, ou como conseguiu metê-lo num camarote em um de nossos espetáculos do Ballet Russe, mas eu o vi, e fui até lá para lhe *serrer la main*. Foi depois da guerra, acho que em 1922 ou 23, e naturalmente ninguém acreditaria que *era* Claude Monet. Ele tinha uma barba branca e estava quase cego. Sei agora, o que não teria acreditado então, que estava àquela altura pintando seus maiores quadros, os mais importantes, aquelas imensas telas, quase abstratas, de pura luz e cor (ignoradas até recentemente, creio que estão na Orangerie\* mas, todas as vezes que venho a Nova York, vou contemplar uma bela pintura das *Nymphéas* que me parece das melhores, no Museum of Modern Art)\*\*. O velho Monet, encanecido e quase cego, não poderia ter me impressionado mais do que se fosse Homero em carne e osso.

*R.C.* Você esteve muitas vezes com Maiakóvski em sua famosa viagem a Paris em 1922?

*I.S.* Estive, mas ele era mais amigo de Prokofiev do que meu. Lembro-me dele como um rapaz grande e sólido – tinha vinte e oito ou vinte e nove anos na época – que bebia mais do que devia, e que era deploravelmente sujo como muitos poetas que conheci. As vezes ele me vem à memória quando vejo uma foto de Gromyko, embora eu não saiba exatamente onde está a semelhança. Eu o considerava um bom poeta e admirava – e ainda admiro – seus versos. No entanto, insistia em falar comigo sobre música e sua compreensão desta arte era inteiramente fora da realidade. Não falava francês e, por isso, com ele eu era obrigado a servir de intérprete. Recordo-me de uma ocasião dessas em que fiquei entre ele e Cocteau. Curiosamente, eu encontrava com facilidade a palavra francesa para tudo que Maiakóvski dizia, mas não encontrava a palavra russa correspondente às observações de Cocteau. O suicídio dele, alguns anos depois, foi o primeiro dos choques que, regularmente, me vieram da Rússia daí por diante.

*R.C.* Raymond Radiguet estava sempre em sua companhia no ano anterior à sua morte. Qual a sua recordação dele?

*Stravinsky, Cannes, 18-9-57 (signe)* Picasso". (Penso que este quadro é um retrato de Stravinski). Modigliani deve tê-lo pintado de memória. Lamento ter de reconhecer que está muito parecido.

\* De fato, encontram-se neste museu, em Paris. (N. da T.)
\*\* Infelizmente, depois que escrevi isto, as *Nymphéas* foram destruídas pelo fogo.

*I.S.* Em 1922, eu o via quase todos os dias que passei em Paris. Era um jovem silencioso, com aspecto sereno, quase infantil, mas também com qualquer coisa de um jovem touro. Era de compleição mediana, bonito – aspecto bastante pederasta, mas não atitudes de pederasta. A primeira vez que o encontrei, estava com Cocteau. Quando eles apareceram, eu me achava com Diaghilev, sentado num café.

*S.D.*: "Qu'est-ce que c'est que l'envies ce nouveau truc?"
*I.S.*: "Tul'envies?"

Ele me chamou logo a atenção como sendo um indivíduo intelectualmente bem dotado, embora tivesse, também, a outra inteligência, do gênero *machine à penser*. Suas opiniões eram instantâneas, e eram próprias, enquanto as opiniões de outros eram muitas vezes "elaboradas". Ainda acho seus poemas muito bons, e os dois romances apenas um pouco menos bons. Estes são autobiográficos, naturalmente, e todo mundo em Paris sabia quem era quem. Mas lembro-me quando Radiguet morreu (aos vinte anos); mesmo o homem que ele retratou no livro como o Comte d'Orgel ficou muito chocado.

*R.C.* Já que você está rememorando, poderia descrever seu último encontro com Proust?
*I.S.* Depois das estreias de *Mâvra* e de *Renard*, em junho de 1922, fui a uma festa oferecida por uma amiga minha, a Princesa Violette Murat. Marcel Proust também estava lá. A maioria das pessoas veio da minha estreia na Grande Ópera para a festa, mas Proust veio diretamente da cama, levantando-se, como de costume, quando já era noite. Era um homem pálido, elegantemente vestido à francesa, com luvas e bengala. Falei com ele sobre música, e ele expressou seu entusiasmo pelos últimos quartetos de Beethoven – entusiasmo que eu teria compartilhado, se não fosse lugar-comum entre os intelectuais da época, sendo uma pose literária, e não um julgamento musical.

*R.C.* Klee, Kandisnki e Busoni assistiram ao espetáculo em Weimar de *L'Histoire du Soldat*. Você pode evocar alguma coisa sobre estes senhores naquele momento?
*I.S.* Estive muito pouco tempo em Weimar – apenas o suficiente para os ensaios e o espetáculo, dirigido por Hermann Scherchen. Dos três artistas mencionados, apenas estive com Feruccio Busoni, que estava na mesma frisa que eu. Tinha a cabeça mais bela e mais nobre que jamais vi, e fiquei olhando para ele tanto quanto para o palco. Parecia muito sensibilizado pela

obra. Mas se era a peça de Ramuz, a minha música, ou o conjunto, não era fácil discernir, especialmente depois que eu soube ser eu a sua *bête noire* na música. Agora, trinta anos depois, tenho uma grande admiração pela visão de Busoni, por seu talento literário, e pelo menos por uma de suas obras: *Doktor Faust.* Infelizmente nunca encontrei Paul Klee, nem lá, nem mais tarde*. Tive a boa sorte de conhecer Kandinski em Paris, nos anos trinta, e sempre hei de me lembrar dele como um aristocrata, *un homme de choix.*

R.C. Muitas vezes ouvi você falar de sua admiração por Ortega y Gasset. Você o conheceu bem?
I.S. Eu o vi apenas uma vez, em Madrid, em março de 1955, mas sinto que por sua obra eu o conhecia desde há muito. Naquela noite, em Madrid, ele veio ao meu hotel com Madame la Marquise de Slauzol, bebemos uma garrafa de uísque juntos e ficamos muito alegres. Era encantador e muito gentil. Muitas vezes pensei que já então devia saber que sofria de câncer, poucos meses depois estava morto. Não era alto, mas lembro-me dele como um homem grande devido à dimensão da cabeça. Fez-me lembrar um busto de um estadista ou de um filósofo romano, e durante toda a noite tentei identificar qual romano seria. Falava um francês vivo, rolando os erres com uma voz forte, ligeiramente rouca. Tudo que dizia tinha vivacidade. O Tejo em Toledo era "arteriosclerótico"; Córdoba era "uma roseira, mas com as flores no chão e as raízes no ar". A arte dos portugueses era "sua lembrança da China, dos pagodes". Dos filósofos seus contemporâneos ele falava com respeito de Scheler, de Husserl, de seu mestre Cohen, de Heidegger. Da escola de Wittgenstein: "A filosofia, chamando-se a si própria de Positivismo Lógico, pretende agora ser uma ciência, mas isto é apenas um curto ataque de modéstia". Falou sobre a Espanha (lamento que seus *Castelos em Castela* não estejam traduzidos em inglês) e ria-se do sentimento de piedade dos turistas pelas "pobres criaturas que moravam nas cavernas", o que, disse ele, não é consequência da pobreza, mas de uma tradição muito antiga. Foi simpático e inteligente quando falamos dos Estados Unidos – o único "intelectual" europeu que encontrei que conhecia algo a respeito, além da leitura de Melville e de revistas. Mostrou-me com orgulho uma foto que tirou de sua carteira, dele com Gary Cooper, em Aspen, em 1949. Disse que Thornton Wilder servira-lhe de intérprete lá, mas que seus auditórios o entendiam antes que viesse a tradução por causa "de meus gestos extravagantes".

* O desenho de Klee com meu retrato deve ter sido feito de memória.

*R.C.* Como foi que Giacometti veio a fazer desenhos de você?
*I.S.* Ele tinha feito cinco ou seis esboços a partir de fotografias, antes de me encontrar, e não gostou. Depois, sentado bem perto de mim, fez uma série completa, trabalhando muito depressa, dedicando apenas alguns minutos a cada desenho. Diz que em escultura também dá a obra por terminada muito rapidamente mas que antes faz, às vezes vagarosamente, por longos períodos, centenas de estudos preparatórios, que são abandonados. Desenhava com um lápis muito duro, e apagava as linhas com borracha, de vez em quando. E sempre murmurando: "*Non... impossible... je nepeux pas... une tête violente... je n'ai pas de talent... je ne peux pas...*" Ele me surpreendeu a primeira vez que veio, porque esperava um "Giacometti" alto e magro. Disse-me que acabava de escapar de um fabricante de automóveis o qual lhe oferecera uma soma considerável para afirmar que carros e esculturas são a mesma coisa, isto é, belos objetos. De fato, um dos tópicos favoritos de Giacometti era a diferença entre uma escultura e um objeto. "Os homens na rua a andar em diversas direções não são objetos no espaço." "A escultura", dizia, "é uma *matière* transformada em expressão, expressão na qual a natureza conta menos que o estilo." "A escultura é expressão no espaço, o que quer dizer que nunca poder ser completa: ser completa é ser estática." "Todos os bustos são ridículos; o corpo inteiro é o único assunto da escultura."

Sua conversa sobre escultores era, algumas vezes, surpreendente. Gostava de Pigalle, achava-o o maior escultor de *dix-huitième*, especialmente no monumento em memória da Maréchale de Saxe em Estrasburgo. Preferia de longe o rejeitado *Voltaire Nu*, de Pigalle, ao famoso *Voltaire* oficial, de Houdon "por causa de seu maior nervosismo". Para ele, Canova não era realmente um escultor, enquanto Rodin foi o "último grande Escultor, da mesma linha de Donatello (não o Rodin de Balzac ou dos *Bourgeois de Calais*, naturalmente)". Brancusi não era absolutamente escultor, disse ele, mas um "fazedor de objetos". Eu gosto da obra de Giacometti – tenho na minha sala de jantar uma de suas pinturas "cheias-de-espaço-escultural" e sinto afeição por ele, por seu próprio "nervosismo". Gosto de sua maneira de ser, numa história que me contou. Tinha grande admiração por Klee e, uma vez, no fim da década de trinta, quando ambos os artistas moravam na Suíça, ele finalmente decidiu ir visitá-lo. Caminhou da estação até o que julgava ser a casa de Klee – na encosta de uma montanha a certa distância da cidade – mas quando chegou, descobriu que Klee não morava ali, mas muito mais adiante para o alto da montanha. "Perdi toda a coragem e não fui – só tinha coragem de ir até aquele ponto."

## 1. Os Pintores do Ballet Russe

*R.C.* Você se recorda do cenário de Balla para *Feu d'Artifice*?
*I.S.* Vagamente, mas não poderia descrevê-lo, mesmo na ocasião (Roma, 1917), senão como alguns borrões atirados sobre o pano de fundo vazio. Lembro-me que intrigou o público, e que, quando Balla veio ao palco agradecer, não houve nenhum aplauso: o público não sabia quem ele era, o que tinha feito, por que estaria ali cumprimentando. Balla então possa mão no bolso e movimentou um dispositivo que permitia fazer truques com sua gravata-borboleta, por puro chiste. Diante disto, Diaghilev e eu – estávamos numa frisa – explodimos numa gargalhada incontrolável, mas o público continuou mudo.

Balla era sempre divertido e fácil de se gostar, e algumas das horas mais divertidas de minha vida passei-as na companhia dele e de seus amigos futuristas. A ideia de montar um bailado futurista foi de Diaghilev, mas decidimos juntos a respeito de minha música de *Feu d'Artifice*: era bastante "moderna" e durava só quatro minutos. Balla nos impressionara como um pintor de talento, e pedimos a ele para desenhar o cenário.

Rapidamente nos tornamos amigos depois disso, e eu o visitava muitas vezes em seu apartamento em Roma. Morava perto do Zoo, tão perto que seu balcão debruçava-se sobre uma grande jaula. Ouviam-se vozes de animais em sua casa como são ouvidos os barulhos da rua num quarto de hotel em Nova York.

No entanto, o quartel-general do futurismo era em Milão, e foi lá que se realizaram meus encontros com Balla e também com Boccioni, Russolo (o fazedor de ruídos), Carrà e Marinetti. Milão era para a Suíça o que Hollywood representa para essas colinas, exceto que era mais fácil tomar um trem e descer na cidade italiana para um espetáculo noturno, do que é agora ir de carro ao centro de Los Angeles. E em Milão do tempo da guerra meus poucos francos suíços faziam com que eu me sentisse agradavelmente rico. Numa de minhas visitas a Milão, Marinetti e Russolo (um homem sossegado, de bom gênio, mas com cabelo e barba hirsutos) e Pratella, outro cineasta, me apresentaram sua "música futurista". Cinco fonógrafos dispostos em cinco mesas numa sala grande, sem outros móveis, emitiam sons "digestivos", estática etc. incrivelmente parecidos com a *Musi-*

*que Concrète* de há sete ou oito anos atrás (por isso, talvez, eram no fim de contas futuristas; ou talvez, os futurismos não sejam bastante progressistas). Fingi estar entusiasmado, e disse a eles que conjuntos de cinco fonógrafos com tal música, se produzidos em massa, venderiam como se fossem grandes pianos de concerto Steinway.

Alguns anos depois dessa demonstração, Marinetti inventou o que chamou de "ruídos discretos", ruídos para serem associados a objetos. Lembro-me de um desses sons (para ser exato, não era nada discreto) e do objeto que o acompanhava, uma substância que parecia veludo mas tinha a superfície mais áspera que jamais tocara. Balla deve ter participado do movimento dos ruídos também, porque ele uma vez me deu um presente de Páscoa, um bolo Pascha de *papier mâché* que suspirava de maneira muito peculiar quando partido.

O acontecimento mais memorável em todos esses anos de minha amizade com os futuristas foi um espetáculo que vimos juntos, em Milão, no teatro de fantoches, *Os Piratas Chineses*, um "drama em três atos". Foi de fato uma das experiências teatrais mais impressionantes de minha vida. O teatro em si era do tamanho dos fantoches. Uma orquestra invisível – clarinete, piano, violino, contrabaixo – tocava a abertura e trechos de música circunstancial. Havia janelinhas de ambos os lados do diminuto palco. No último ato, ouvimos cantar, e ficamos apavorados quando verificamos que a voz provinha de gigantes portados atrás das janelas; eram cantores de estatura normal, é óbvio, mas nós já estávamos habituados com o tamanho dos fantoches.

Os futuristas eram absurdos, mas simpaticamente absurdos, e eram infinitamente menos pretensiosos do que os participantes de alguns movimentos posteriores que se abeberaram neles – do que o Surrealismo, por exemplo, que tinha mais substância; ao contrário dos surrealistas, eram capazes de rir de sua própria pose de "artista-contra-gentios". O próprio Marinetti era uma *balalaika* – um tagarela – mas era também o mais bondoso dos homens. Lamento reconhecer que ele me parecia o menos dotado de todo o grupo – em comparação com Boccioni, Balla e Carrà que eram hábeis pintores. Os futuristas não eram os aviões que pretendiam ser, mas foram, de qualquer modo, um enxame de simpáticas e barulhentas lambretas-Vespas.

R.C. Você escolheu Nicolas Roerich para fazer os cenários de *Le Sacre du Printemps?*
I.S. Escolhi. Tinha admirado seu trabalho para o *Príncipe Igor*, e imaginei que poderia fazer algo semelhante para

*Le Sacre*. Acima de tudo, eu sabia que ele não iria sobrecarregar. Diaghilev concordou comigo e, assim, no verão de 1912 encontrei Roerich em Smolensk e trabalhei com ele lá, na casa da Princesa Tenichev, liberal protetora das artes que havia ajudado Diaghilev.

Ainda conservo uma boa opinião de *Le Sacre* de Roerich. Ele projetou um fundo de estepes e céu, o país do *Hic Sunt Leones* dos velhos cartógrafos. Contra a paisagem, a fila de doze mocinhas louras, de ombros largos, causava um impacto. E os figurinos de Roerich foram considerados historicamente fiéis e, ao mesmo tempo, satisfatórios para efeitos cênicos.

Encontrei Roerich – um homem de barba loura, olhos de calmuco e nariz de buldogue – em 1914. Sua mulher era parenta de Mitusov, meu amigo e colibretista de *Rossignol*, e muitas vezes vi os Roerich em casa de Mitusov em São Petersburgo. Roerich dizia-se descendente de Rurik, o Arquipríncipe russo-escandinavo. Fosse isto verdade ou (não parecia escandinavo, mas não se pode mais afirmar tais coisas), era seguramente um *seigneur*. Afeiçoei-me muito a ele naqueles primeiros tempos, embora não gostasse de sua pintura, que era uma espécie de Puvis de Chavannes elaborado. Não me surpreendi ao saber de suas atividades secretas durante a última guerra, e de sua curiosa conexão com o vice-presidente Wallace no Tibet: tinha o aspecto de um místico ou de um espião. Roerich veio a Paris para *Le Sacre*, mas recebeu muito pouca atenção, e depois da estreia desapareceu – diminuído, creio – e voltou para a Rússia. Nunca mais tornei a vê-lo.

R.C.   Foi sua a escolha de Henri Matisse, o pintor, para fazer os cenários de *Le Chant du Rossignol*?

I.S.   Não, sua colaboração foi inteiramente ideia de Diaghilev. Na verdade, eu me opus a ela, mas não de um modo demasiado direto. (Amiel diz: "Toda resistência direta termina em desastre".) A encenação, e especialmente a parte de Matisse, constituíram-se em malogros. Diaghilev esperava que Matisse fosse produzir qualquer coisa de muito chinês e encantador. O que ele fez, no entanto, foi uma cópia das lojas chinesas da Rue de la Boétie. Matisse desenhou não apenas os cenários, como você disse, mas também as roupas e a cortina.

A arte de Matisse nunca me atraiu, mas ao tempo de *Le Chant du Rossignol* eu o via com frequência, e gostava dele pessoalmente. Lembro-me de uma tarde no Louvre, com ele. Não era um conversador apaixonado, mas parou diante de um Rembrandt e começou a falar animadamente sobre o quadro. Em certo momento, tirou um lenço branco do bolso: – "O que é branco? Este lenço ou o branco daquele quadro? Até mesmo a ausência de cor não existe, mas apenas 'branco', ou cada um, ou todos os brancos".

Nossa colaboração com Matisse irritou muito Picasso: "Matisse! O que é Matisse? Uma sacada com um grande vaso de flores vermelhas que desce por ela".

R.C.  Você se recorda dos cenários de Golovine para o primeiro *L'Oiseau de Feu*?
I.S.  Só me lembro que as vestimentas me agradaram na ocasião. A cortina foi a da ópera. Não me lembro quantos cenários Golovine fez, mas estou certo de que, se eu fosse reconduzido àquele *L'Oiseau de Feu* de 1910, eu os acharia muito suntuosos.

Golovine era muitos anos mais velho do que eu, e não foi nossa primeira escolha. Diaghilev queria Vrubel, o pintor russo mais talentoso da época, mas Vrubel estava à morte, ou à beira da loucura. Também consideramos Benois, mas Diaghilev preferiu Golovine para a realização das cenas fantásticas em *Russlan*, e o orientalismo de Golovine estava de acordo com os ideais da revista que Diaghilev dirigia, *Mir Isskustva*, mais do que o orientalismo acadêmico então muito popular. Como pintor de cavalete, Golovine foi uma espécie de pontilhista russo.

Não me lembro de Golovine no primeiro espetáculo de *L'Oiseau de Feu*. Diaghilev provavelmente não tinha dinheiro bastante para pagar-lhe a passagem (eu mesmo recebi 1.000 rublos ($ 500), pela encomenda e pelas despesas de viagem e da estadia em Paris). O primeiro *L'Oiseau de Feu*! Fiquei na escuridão da Ópera durante oito ensaios da orquestra dirigidos por Pierné. O palco e o teatro todo cintilavam na estreia, e isto é tudo de que posso me recordar.

R.C.  Como você considerava Léon Bakst?
I.S.  Ninguém poderá descrevê-lo com a mesma concisão da caricatura feita por Jean Cocteau. Ficamos amigos desde o primeiro encontro em São Petersburgo, em 1909, embora nossa conversa girasse especialmente em torno dos relatos de Bakst sobre suas conquistas femininas, e de minha incredulidade: "Não, Lev... Você não poderia ter feito tudo isso".

Bakst usava chapéus elegantes, bengalas, polainas etc., mas acho que isto era para desviar a atenção de seu nariz, tipo máscara de comédia veneziana. Como outros dândis, Bakst era sensível – e cheio de mistério na vida privada. Roerich me contou ser *bakst* uma palavra judia que significava "guarda-

-chuva pequeno". Disse que descobriu isso num dia, em Minsk, quando foi apanhado por uma chuvarada e escutou pessoas mandando as crianças buscarem *baksts*, e ele verificou o que queriam dizer.

Pensou-se em Bakst para os desenhos de *Mâvra*, mas surgiu uma questão de dinheiro com Diaghilev. Nunca nos reconciliamos e lamento, especialmente, porque apenas três anos depois, a bordo do *Paris*, em minha primeira viagem aos Estados Unidos li, no jornal do navio, a notícia de sua morte.

Bakst amava a Grécia e as coisas gregas. Percorreu este país com Serov (Serov era a própria consciência de todo nosso círculo, e um amigo muito importante para mim na minha juventude; até Diaghilev o temia), e publicou um livro de diários de viagem, *Com Serov na Grécia* (1922), que deveria ter sido traduzido para o inglês há muito tempo.

Eu já havia visto a pintura de cavalete de Bakst antes de conhecer seus trabalhos para o teatro, mas não conseguia admirá-lo. De fato, esta representava todas as coisas da Rússia contra as quais *Le Sacre du Printemps* se rebelava. Apesar disso, considero a *Sheherazade* de Bakst uma obra-prima, talvez, do ponto de vista cênico, a realização mais perfeita do Ballet Russe. Indumentária, cenários, a cortina, eram indescritivelmente coloridos – atualmente somos tão mais pobres nessas coisas. Lembro-me também de que Picasso considerou *Sheherazade* uma obra-prima. De fato, foi a única produção do Ballet que ele realmente admirou: *"Vou savez, c'est très espécial, mais admirablement fait"*\*.

R.C.   E Benois?
I.S.   Eu o conheci antes de Bakst. Era, naquele tempo, o italianófilo mais culto que encontrei e, não fosse Eugène Berman, ainda o seria: e Benois e Berman são muito parecidos pelo fato de seus antecedentes russos, seu teatro romântico, sua italianofilia. Benois sabia mais sobre música do qualquer dos outros pintores, embora, naturalmente a música que conhecia fosse a ópera italiana do século dezenove. Mas acho que gostou da minha *Petruchka*, pelo menos não a chamava de "Petruchkaka" como muitos outros de sua geração. Benois, contudo, era o conservador, o tradicionalista da companhia, e *Petruchka* foi para ele um trabalho de exceção.

Colaborei com ele ligeiramente, antes de *Petruchka*, fazendo duas orquestrações para *Les Sylphides*. (Tenho dúvidas se

---

\* "Sabe, é muito peculiar, mas é admiravelmente bem feito" (N. da T.)

gostaria desses arranjos hoje – não gosto de música tipo "solo de clarineta".) Mas embora ficasse encantado com seu trabalho em *Les Sylphides*, não o teria escolhido para *Petruchka* devido à força dessa obra. Minha verdadeira amizade com ele começou em Roma, em 1911, quando eu estava terminando *Petruchka*. Ficamos no Albergo Itália, perto das Quattro Fontane, e durante dois meses estivemos juntos todos os dias.

Benois era muito sensível em seu amor-próprio. O maior sucesso do Ballet Russe, naquele tempo era *Le Spectre de la Rose* com Nijinski, e Benois mostrava-se visivelmente ciumento com a parte de Bakst naquele sucesso. Os ciúmes foram a causa de um incidente que ocorreu no ano seguinte. Benois estava pintando o pano de fundo da cela de Petruchka, quando Bakst apareceu no palco, pegou um pincel e começou a ajudar. Benois literalmente voou em cima dele.

*R.C.* E Michel Larionov foi o pintor de sua escolha para *Renard*?

*I.S.* Diaghilev sugeriu-o primeiro, mas ele também foi minha opção. Como você sabe, compus *Renard* para a Princesa Edmond de Polignac. Em 1914, a remessa do dinheiro de minhas propriedades na Rússia foi cortada, e eu vivia na Suíça com uma renda muito pequena. Diaghilev não podia me pagar nada naqueles anos de guerra, de modo que aceitei a encomenda da Princesa por 2.500 francos suíços. Diaghilev ficou louco de inveja (o fato é que ele estava sempre com inveja; creio que estou sendo justo ao dizer isto dele, e não há dúvida de que o conheci bastante bem para poder fazer essa afirmação). Durante dois anos, nunca, falando comigo, se referiu a *Renard*, o que não o impedia de fazê-lo com outras pessoas: "Nosso Igor, só dinheiro, dinheiro, dinheiro, e para quê? Esse *Renard* são velhos restos que encontrou no fundo da gaveta de sua cômoda".

Diaghilev visitou-me em Ouchy em janeiro ou fevereiro de 1917, e eu toquei *Les Noces* para ele. Chorou (era muito surpreendente ver aquele homenzarrão chorar), dizendo que aquela música o tinha tocado mais que tudo quanto ouvira até então, mas não perguntou por *Renard*, mesmo sabendo que eu o havia terminado. E ele sabia também que a Princesa de Polignac não tinha teatro, que a encomenda só fora feita para me ajudar, e que ela lhe daria *Renard* para encená-lo. (Alguns anos mais tarde, a Princesa de Polignac promoveu em sua casa uma apresentação *avant--propos*, ao piano, de *Oedipus Rex* e me pagou 12.000 francos que eu dei a Diaghilev para ajudar a financiar a montagem para o público.)

Larionov era um enorme mujique louro, até maior que Diaghilev (possuía um gênio incontrolável, e uma vez derrubou Diaghilev com um soco). Era, como Oblomov, preguiçoso por vocação, e nós sempre acreditamos que era sua mulher, Goncharova, quem fazia o seu trabalho. Apesar disso era um pintor talentoso e eu ainda gosto de seu cenário e costumes para *Renard*. Esta obra foi levada junto com *Mâvra*, como você sabe, e ambos foram precedidos por um grande bailado orquestral, o que fez com que minhas duas peças curtas parecessem menores ainda.

*Renard* não constituiu um sucesso retumbante, mas comparado com ele, *Mâvra* ainda o foi menos. Os desenhos de *Mâvra* foram encomendados a Survage, um artista desconhecido, mas que fez um bom trabalho, depois que Diaghilev brigou com Bakst. O fracasso de *Mâvra* aborreceu Diaghilev. Ele estava ansioso para impressionar Otto Kahn, que assistiu à estreia no seu camarote e que devia levar a companhia para a América. O único comentário de Kahn foi: "Gostei de tudo, mas – puf! – acaba muito depressa". Diaghilev me pediu para mudar o final. Recusei, naturalmente, e ele nunca me perdoou.

Um outro "pintor de bailados" que eu vi muito neste tempo foi Derain. Eu gostava de sua fala *perigot*, gostava mesmo mais dele do que de seus quadros, embora existam pequenos Derain encantadores. Era um homem de compleição grande – o retrato dele feito por Balthus é muito parecido – e um bom bebedor. Quando isto acontecia, os móveis, às vezes, eram quebrados, mas sempre achei Derain muito agradável. Servi de mediador para ele numa briga com Diaghilev que insistia em alterar qualquer coisa em *La Boutique Fantasque*. Em seus últimos anos Derain foi uma figura solitária, e nunca mais o vimos em concertos ou espetáculos. Meu último encontro com ele foi uma extraordinária coincidência. Eu estava de carro perto de Toulon e parei para dar uma volta num bosque de pinheiros. Topei com alguém de pé diante de um cavalete, pintando, e aconteceu que era Derain.

Agora que me referi a Derain, gostaria de recordar minhas associações com alguns outros artistas, a maioria dos quais ligados a Diaghilev ou ao Ballet. Penso, por exemplo, em Alexis Jawlensky, Diaghilev mo descrevera na época de São Petersburgo como um adepto estrito da nova Escola de Munique. Apesar disto ele colaborava no *Mir Isskustva*; digo "apesar disto" porque Diaghilev considerava a Escola de Munique como a última palavra em mau gosto *boche*. Não encontrei Jawlensky na Rússia, e sim na Suíça. No começo da guerra eu morava em Morges e ele em St. Prex, que ficava próximo. Algumas vezes passeava com meus filhos de nossa casa em Morges até a dele em St. Prex. Era sempre hospitaleiro, e seu estúdio parecia uma pequena ilha de colorido russo que encantava as crianças.

Max Liebermann era outro amigo, especialmente durante a primeira temporada de nosso Ballet em Berlim. Fui apresentado a ele, bem como a Gerhardt Hauptmann, depois de um espetáculo de *Petruchka*, e estive com ele muitas vezes daí por diante. Era célebre por seu espírito. Segundo um relato que circulava na época, um retratista a quem foi encomendado um retrato de Von Hindenburg queixou-se a Liebermann por não conseguir desenhar-lhe as feições, ao que Liebermann exclamou: *"Ich kann den Alten in den Schnee pissen"*\* Como você sabe, foi Liebermann quem me indicou para a Academia Prussiana.

Jacques-Emile Blanche foi outro amigo de meus primeiros anos com Diaghilev. Pintou dois retratos meus que estão agora no Luxemburgo. Lembro-me de quando estava posando para ele, e de como ele só desenhou minha cabeça e meus traços depois de muito observar, enquanto tudo o mais, o corpo e o fundo, foi feito *in absentia.* Isso significava que nossas pernas poderiam sair longas demais ou o tronco muito largo, ou que a gente poderia dar consigo passeando pela praia de Deauville, como ele fez comigo, num de meus retratos. No entanto, os rostos de Blanche eram geralmente traçados com fidelidade, e isto era o que importava. Blanche era uma *fine mouche* para detectar celebridades; veio fazer o meu retrato na manhã seguinte à estreia de *L'Oiseau de Feu.*

Robert Delaunay foi outro pintor que eu via muito em certa época. Falava demais e com excessivo entusiasmo sobre "arte moderna", mas fora disto era muito agradável. Também fez um retrato meu. Não sei que fim levou, mas era seguramente melhor que o cubista de Albert Gleizes que é o meu bigode e tanta coisa mais. Delaunay nunca projetou um bailado para Diaghilev, mas sempre se viam em Paris; em Madrid, em 1921 estivemos os três constantemente juntos.

Conheci Fernand Léger no tempo de Diaghilev, mas estreitamos a amizade nos Estados Unidos durante a Segunda Guerra. Recordo um jantar francês que preparamos para ele em nossa casa em Hollywood, nos primeiros e sombrios dias da guerra. O jantar terminou com cigarros franceses Caporal, e Léger ficou tão comovido ao vê-los que caiu em pranto. O desenho de um papagaio de Léger, que temos em nossa sala, nos foi dado por ele nessa época.

---

\* "Posso fazer o desenho do velho urinando na nave" (N. da T.).

Pavel Tchelichev encontrei em 1922, em Berlim, quando vim esperar minha mãe que chegava da União Soviética (ela ficou pedindo licença para emigrar desde que se deu a revolução; afinal conseguiu, mas o embarque foi adiado muitas vezes). Tchelichev era talentoso e belo, e logo compreendeu o valor dessa combinação num ambiente como o de Diaghilev. O "estilo russo" de suas primeiras pinturas não me atraiu, mas seus cenários para o bailado *Ode*, de Nabokov, convenceram-me de suas qualidades. Mais tarde fez minha *Balustrade*, um dos meus melhores bailados em termos visuais.

De Marc Chagall eu ouvira falar nos dias de Diaghilev através de Larionov que pertencia ao círculo de pintores russos de Chagall, mas encontrei-o pela primeira vez em Nova York. Minha mulher, Vera de Bosset, havia combinado com ele uma exposição de seus desenhos e esboços de *Aleko* na galeria de arte que mantinha em Hollywood, La Boutique. Como combinado, fomos procurá-lo em seu apartamento no Riverside Drive. Estava de luto pela mulher, não dizia duas palavras sem referir-se a ela. (Agora me lembro que Lipnitski, o fotógrafo, estava lá, e tirou diversas fotos de nós dois juntos, mas nunca cheguei a vê-las.) Dois ou três anos depois pediram a Chagall para fazer os cenários e os figurinos de meu *Renard*. Lamento muito que tenha recusado (dizendo, segundo me contaram, que só gostaria de trabalhar para "uma obra principal de Stravinski"). Ainda espero que um dia faça *Renard* e *Les Noces*; ninguém mais perfeito para isso. *L'Oiseau de Feu*, de Chagall, foi uma apresentação muito vistosa, talvez mais bem-sucedida na pintura do que nos costumes. Ele fez um retrato meu a tinta, e me deu como lembrança de nossa colaboração.

Houve outros ainda, como Marie Laurencin (embora eu não conseguisse gostar de sua pintura *couleur de rose*; gosto de *rose*, por certo, mas não quando estou *emmerdé* com essa cor. E tive o mesmo problema com seus *gris* depois que Cocteau disse: "Marie, tu as inventé les nuances de gris"; Constantine Brancusi; Braque (que deu conselhos valiosos a meu filho pintor, Theodore); André Bauchant (um homem bom; mas a ideia de que ele fizesse o meu *Apollo* foi toda de Diaghilev e seu cenário para aquele bailado ficou muito aquém do que eu imaginara), Christian Bérard; e Georges Rouault (com quem minha mulher trabalhou no desenho do bailado *Fils Prodigue*).

R.C.   Você deve ter encontrado muitas vezes José Maria Sert nos tempos de Diaghilev.

*I.S.* Encontrei. Mas fui muito mais amigo de sua mulher, Misia e confesso que não podia deixar de achar Sert ligeiramente ridículo. Os Serts (embora não fossem ainda legalmente Serts) faziam parte das primeiras pessoas que conheci quando cheguei a Paris em 1910. Ele se dava com grande número de "pessoas interessantes", especialmente "pessoas *ricas* interessantes" e tinha muita facilidade em conseguir encomendas dessa gente. Creio que se tornou "pintor do Ballet Russe" principalmente porque conhecia Fürstner, o editor de Richard Strauss. Diaghilev queria que Strauss compusesse um bailado, e o único meio de chegar a ele seria através de Fürstner. Sert tornou-se o embaixador do projeto, e portanto seu pintor. O bailado foi *Josephs-legende* (A Lenda de José) como você sabe. Os cenários de Sert eram sobrecarregados e o resultado não foi um dos maiores sucessos de Diaghilev.

Na história da pintura, Sert, como tema, poderia figurar de maneira mais permanente. Um homenzarrão, de barba negra, tipo *démodé* – distinto, teria dado um excelente tema de retrato para Manet. Suas maneiras eram imponentes, adotava uma pose à espanhola, mas possuía um senso de humor que de certa maneira o redimia dessas afetações. Recordo-me de ter-lhe perguntado, uma vez, como pretendia transportar um de seus imensos murais, e ele respondeu: "Viramos uma pequena válvula ele se esvazia e fica com um centésimo de seu tamanho". Viemos para os Estados Unidos juntos, no "Normandie", nos anos trinta, e a última vez que o vi foi deste lado do Atlântico. Pobre Sert, queria ser um pintor, mas sua pintura, ai dele, era *quelconque*.

*R.C.* Você faz ideia de onde teria ido parar o pano de fundo de Picasso *para Pulcinella?*
*I.S.* A última vez que ouvi falar disto, achava-se na cúpula da Ópera de Paris, completamente desbotado, salvo a lua, cujo amarelo fora reavivado, em parte, por um gato. Diaghilev, suponho, estava em débito com o diretor da Ópera, e quando nossa companhia se retirou, depois dos espetáculos de *Pulcinella*, o Picasso foi ali retido.

Tenho uma vaga lembrança de ter encontrado Picasso com Vollard em casa de meu amigo o Príncipe Argutinski, por volta de 1910, mas não o conheci pessoalmente senão em 1917, quando estivemos juntos em Roma. Imediatamente gostei dele, de sua maneira de falar, simples, sem entusiasmo, e de seu modo espanhol de pronunciar acentuando cada sílaba: "He ne suis pas musicien, he comprends rien dans la musique", tudo dito como se nada fosse menos importante para ele. Isso foi na ocasião da Revolução Russa, e não podíamos mais começar nossos programas de bailados com o hino imperial. Instrumentei a *Canção dos Barqueiros do Volga* para substituí-lo e, na página de rosto de meu manuscrito, Picasso pintou um círculo vermelho como símbolo da revolução.

Picasso desenhou meu retrato nessa época (o primeiro; o retrato da poltrona foi feito no apartamento da Rue de la Boétie, e o terceiro foi concebido como presente mútuo, meu e de Picasso, para nossa amiga Eugenia Errazuriz). Foi no Hotel de la Russie, perto da Piazza del Popolo, onde muitos bailarinos estavam hospedados; lá estava também a futura mulher de Picasso, Olga (Olga que mudou socialmente sua vida; ela tinha muitos vestidos novos de Chanel para exibir, além de Picasso, e subitamente o grande pintor passou a ser visto em todos os *cocktails*, teatros e jantares). Picasso sempre foi muito generoso em presentear com seus trabalhos. Tenho numerosas pinturas e desenhos dados por ele em várias ocasiões, inclusive alguns bonitos desenhos de cavalos esboçados a tinta em sobrecartas, e um belo desenho fálico, circular, para a capa de meu *Ragtime*.

Viajamos juntos para Nápoles (o retrato de Massine por Picasso foi feito no trem) e passamos algumas semanas em estreita companhia. Ficamos ambos muito impressionados com a Commedia dell'Arte, a que assistimos numa salinha lotada rescendendo a alho. A Pulcinella era um grande marmanjo bêbado, e cada gesto seu, e provavelmente cada palavra, se eu compreendesse, eram obscenos. O único incidente, além desse, de que me recordo em nossas férias napolitanas, foi que nos prenderam a ambos, uma noite, porque urinamos na parede da Galleria. Pedi ao guarda para nos conduzir ao outro lado da rua, à Opera di San Carlo, a fim de encontrar alguém que respondesse por nós. O guarda nos atendeu. Então, quando estávamos os três nos bastidores, ele ouviu que éramos chamados de *maestri* e nos liberou.

O original de Picasso para *Pulcinella* era muito diferente da pura *commedia dell'arte* que Diaghilev queria. Seus primeiros desenhos de figurinos inspiram-se nas indumentárias do período Offenbach, com rostos emoldurados por costeletas em vez de máscaras. Quando os mostrou, Diaghilev foi muito brusco: "Ó, não é nada disso" e começou a explicar como Picasso devia fazer. A noite terminou com Diaghilev jogando os desenhos no chão, pisoteando-os e batendo a porta ao sair. No dia seguinte, foi necessário todo o charme de Diaghilev para reconciliar o insultado Picasso, mas Diaghilev conseguiu que ele fizesse uma *Pulcinella commedia dell'arte*. Eu poderia acrescentar que Diaghilev, no princípio, também foi contra minha música para *Pulcinella*. Esperava uma orquestração severa, bem comportada, algo muito doce.

## 4. DA MÚSICA ATUAL

*R.C.* Qual é a sua ideia, quando afirma que os críticos são incompetentes?
*I.S.* Quero dizer que não estão sequer equipados para julgar nossa "gramática". Não veem como é construída uma frase musical, não sabem como se escreve música; são incompetentes quanto à técnica da linguagem musical contemporânea. Os críticos informam mal o público e atrasam a sua compreensão. Por causa dos críticos muitas coisas de valor chegam demasiado tarde. Também quantas vezes lemos críticas de primeiras apresentações de música nova – nas quais o crítico louva ou reprova (mas geralmente elogia) a execução. Ora, as execuções são de alguma coisa, não existem como abstrações, fora da música que se propõem a executar. Como pode um crítico saber se uma peça musical que não conhece está bem ou mal executada?

*R.C.* Que significa "gênio" para você?
*I.S.* Estritamente um termo "patético", ou, em literatura, uma palavra de propaganda usada por pessoas que não merecem oposição racional. Detesto a palavra, literariamente, e para mim, é doloroso lê-la em obras descritivas. Se ela ainda não

apareceu no *Dictionnaire des Idées Recues*, deveria estar lá, com suas respostas automáticas, "Michelangelo" e "Beethoven".

*R.C.* Para você, que significa "sinceridade"?
*I.S.* É um *sine qua non* que ao mesmo tempo não garante nada. De qualquer modo, os artistas são, na maioria, sinceros, e a maioria da arte é ruim – embora, naturalmente, certa arte insincera (sinceramente insincera) seja muito boa. Contudo, o fato de acreditarmos que somos sinceros não é tão perigoso quanto a convicção de que estamos certos. Todos nós achamos que estamos certos; mas achávamos a mesma coisa há vinte anos, e, hoje, sabemos que então nem sempre estávamos com a razão.

*R.C.* Você poderia "desenhar" sua música recente? Por exemplo:

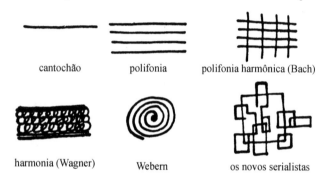

*I.S.* Esta é a *minha* música:

*1. Harmonia, Melodia, Ritmo*

*R.C.* Você tem observado muitas vezes que o período das descobertas harmônicas está encerrado, que a harmonia não está mais aberta à exploração por amor à arte, ou em proveito próprio. Poderia explicar?
*I.S.* A harmonia, uma doutrina que trata dos acordes e da relação entre eles, tem uma história brilhante, porém curta. Esta história mostra que os acordes abandonaram gradualmente

sua função direta de orientação harmônica e começaram a reduzir com os esplendores individuais de seus efeitos harmônicos. Hoje a novidade está no fim, como meio de construção musical; a harmonia não oferece mais recursos para pesquisa, e dos quais se possa retirar alguma vantagem. O ouvido contemporâneo necessita de uma aproximação da música inteiramente diferente. É um jeito da natureza fazer com que a gente se sinta, muitas vezes, mais próxima de gerações distantes do que daquela que nos precedeu imediatamente. Logo, os interesses da presente geração estão voltados para a música de antes da "era harmônica". Ritmo, polifonia rítmica, construção intervalar ou melódica são os elementos da construção musical a ser explorada hoje em dia. Quando digo que ainda componho "harmonicamente", pretendo usar a palavra num sentido especial, sem referir-me às relações entre os acordes.

*R.C.* Você não acha que a famosa "definição de melodia" tentada por Busoni (1922) é uma profecia bastante exata da concepção melódica de muitos dos jovens compositores de hoje? "A melodia", disse ele, "é uma série de intervalos ascendentes ou descendentes sucessivos que são subdivididos e movimentados pelo ritmo; contém uma harmonia latente em si própria, e proporciona um certo estado de espírito; pode existir, e existe, independentemente das palavras como expressão, e independentemente dos acompanhantes como forma; na sua execução, a escolha da altura e do instrumento, não fazem diferença para sua essência".

*I.S.* Os dois últimos pontos são os mais notáveis, vindos de Busoni. A ideia de que a altura própria da nota não é tão importante num sentido absoluto foi suplantada, em meu espírito, pela ideia de que a altura só interessa devido ao intervalo. Hoje, o compositor não pensa nas notas isoladamente, mas na posição intervalar das notas na série, em sua dinâmica, em sua oitava, e em seu timbre. Exceto dentro da série, as notas nada são; mas nela, o aparecimento, a altura, a dinâmica, o timbre e as relações rítmicas das notas determinam a forma. A nota só funciona na série. A forma é serial, e não apenas alguns ou todos os elementos musicais que a compõem. A nota individual determina a forma apenas como parte de seu grupo ou ordem.

*R.C.* Algum desenvolvimento novo no domínio do ritmo chamou sua atenção?

*I.S.* Os controles de andamento – se este vem com a significação de ritmo – no movimento central de *Le Marteau sans Maître* são importante inovação. Nesse movimento, a cadência é acelerada ou retardada segundo as velocidades básicas, lenta ou rápida, do metrônomo, com as indicações, no percurso, da exata velocidade com que se deveria seguir. Isto resulta em retardandos e acelerandos controlados. Usados sistematicamente, como em *Marteau* onde não se está nunca num andamento, mas caminhando para um, esses controles são capazes de efetuar uma nova qualidade de música, nova e maravilhosamente flexível.

As cadências livres-mas-coordenadas em *Zeitmasse*, de Stockhausen (ainda não ouvi seu *Gruppen* para três orquestras) são também inovações rítmicas de grande valor.

Os jovens compositores não têm contribuído senão ligeiramente na exploração das possibilidades de métricas variáveis. Na verdade, não observei nenhum progresso sobre *Le Sacre du Printemps*, se me permite mencionar esta obra, no correr de todo este meio século que se passou desde que a escrevi.

R.C. Sabe que toda uma escola de compositores de *Klangfarbenmelodie*\* floresce atualmente?

I.S. É natural que a maior parte disso não seja senão mera imitação estilística, e nada poderia ser mais efêmero. Mas a palavra alemã requer definição; veio a significar um número demasiado de coisas. Por exemplo, não acho que a parte *"Melodie"* do vocábulo seja boa ou útil quando aplicada a uma obra como o *Concerto*, de Webern, e estou certo de que, na mesma peça, *Farben*\*\* é menos importante do que o padrão sonoro – *Klang*\*\*\*, o que é a mesma coisa.

Se por *Klangfarbenmelodie* você se refere a uma linha de música dividida entre dois ou mais instrumentos, essa prática já atingiu uma *reductio ad absurdum*. Passando os olhos, recentemente, por uma partitura ridiculamente difícil – era, na verdade, o mapa de uma ideia que não havia começado na composição musical, mas fora dela – lembrei-me de uma banda russa que ouvia na minha infância. Esta banda era composta de doze trompas lisas, isto é, sem valores. Cada trompa tinha uma nota para tocar e, juntas, podiam produzir uma escala cromática. Ensaiavam horas a fio para superar problemas rítmicos apresentados por melodias simples. Não vejo diferença entre a ideia dessa banda de trompas de caça e a ideia de algumas partituras de *Klangfarben* que já vi.

\* "Melodia de Timbres" (N. da T.)
\*\* "cor" (ou timbre) é *Farbe*. (N. da T.)
\*\*\* Em alemão "som" é *Klang*. (N. da T.)

Se um compositor sério pretende que as linhas de dois ou mais instrumentos venham a produzir uma linha melódica, aconselho-o a seguir o que Elliott Carter fez em seu *Quarteto para Cordas*: escreveu a redução em uma linha como guia.

## 2. Música Eletrônica

*R.C.* Qual a sua opinião sobre música eletrônica?
*I.S.* Acho que a *matière** é limitada; para ser mais exato, os compositores têm demonstrado tão somente *matière* muito reduzida em todos os exemplos de música eletrônica de que tenho conhecimento. Isso é surpreendente, porque as possibilidades, como sabemos, são astronômicas. Outra crítica é que as peças mais curtas de música eletrônica parecem não ter fim, e nelas não se sente o controle do tempo.

Conclui-se que a quantidade de repetição, imaginária ou real, é excessiva.

Os compositores eletrônicos estão cometendo um erro, na minha opinião, quando continuam a empregar ruídos significativos à maneira da música concreta. Em *Gesang der Jünglinge*, de Stockhausen, uma obra que manifesta forte personalidade e natural sensibilidade ao meio empregado, gosto do modo como o som desce como se fosse de auras, mas os borbulhantes ruídos evanescentes (*fade-out*), e especialmente os do órgão, acho elementos incongruentes. Ruídos podem ser música, naturalmente, mas não precisam ser significativos; a música em si não significa nada.

O que me interessa mais na música eletrônica é a notação, a "partitura".

*R.C.* Na música de Stockhausen e outros de sua geração, os elementos de altura, densidade, dinâmica, duração, frequência (registro), ritmo, timbre têm sido sujeitos ao princípio da variação serial. Como poderá ser introduzido o elemento não serial de "surpresa" no planejamento rígido dessa música?
*I.S.* O problema que atualmente se apresenta ao serialista "totalitário" é como compor o elemento "surpresa", já que o computador eletrônico não dá margem à sua existência (embora, de fato, ela exista, mesmo que cada caso seja computável isoladamente; mesmo que, na pior das hipóteses, ouçamos a música como música e não como um jogo de computação). Alguns compositores se inclinam a transferir o problema para o executante –

---

* Em francês no texto. O sentido é de "matéria sonora" (N. da T.)

como Stockhausen o faz na *Peça para Piano nº XI*. Eu, pessoalmente, tendo a deixar muito pouco por conta dos executantes. Não lhes daria margem a tocar apenas a metade ou fragmentos selecionados de minhas peças. Portanto, acho contraditório ter controlado tudo minuciosamente, e então deixar que alguém se encarregue de dar forma final à peça (embora admitindo que todas as formas possíveis sejam permitidas).

*R.C.* Você acha que atualmente existe o perigo da novidade por amor à novidade?

*I.S.* Na realidade, não. No entanto, certos festivais de música contemporânea, por sua própria natureza, não conseguem evitar o encorajamento da mera novidade. E, por uma curiosa inversão da tradição, alguns críticos também a incentivam. A situação clássica, em que os críticos conservadores e acadêmicos caçoavam das inovações dos compositores, não existe mais. Agora os compositores mal podem se pôr em dia com as demandas de alguns críticos para "fazer coisa nova". Acontece que as novidades, algumas vezes, não conseguem interessar a ninguém senão da primeira vez. Sou mais cauteloso diante do poder daqueles que aclamam do que dos que repudiam; dos críticos que saúdam em princípio aquilo que não podem alcançar diretamente com seus próprios ouvidos ou entendimento. Isso é política musical, não é música. Os críticos, como os compositores, devem saber do que gostam. Tudo o mais é pose e propaganda, ou o que D.H. Lawrence chamava *would-be* (arremedo).

### 3. A Música Contemporânea e o Grande Público

*R.C.* Não acha que o grande público de todo o mundo é tão isolado das obras musicais contemporâneas* – produzidas a partir de 1909, mais ou menos – quanto o é o público da União Soviética?

*I.S.* Não em toda parte; não na Alemanha, por exemplo, onde minha própria música mais nova é executada para o público em geral tão frequentemente quanto Strauss ou Sibelius nos Estados Unidos. Mas o ano de 1909 significa "atonalidade" e a "atonalidade" criou, na verdade, um hiato que os marxistas explicam como um problema de pressões sociais, quando é, de fato, uma pulsão irresistível dentro da arte.

* Esses comentários são do fim da década de cinquenta (N. da T.)

*R. C.* Você tem algo a dizer sobre a arte patrocinada?
*I.S.* O mecenato aleatório, sendo ou não melhor que o sistemático, é extremamente inadequado. É certo que ele deu oportunidade a toda a música de Schoenberg, de Berg, de Webern, de Bartók e à minha própria, mas, a rigor, a maior parte de nossa música não usufruiu dessas oportunidades, e foi escrita e colocada no mercado para competir com músicas de tipos mais convencionais. Esse é, em parte, o motivo por que quatro daqueles compositores morreram em meados do século vinte em circunstâncias humilhantes, ou, pelo menos, em circunstâncias materiais que estavam longe de ser favoráveis. Esse tipo de mecenato não mudou nos últimos cento e cinquenta anos; simplesmente hoje parece ser mais raro.

*R.C.* Você sabe qual é a situação atual de sua música nos países do bloco soviético?
*I.S.* Amigos que compareceram à Conferência de Música Contemporânea de Varsóvia, em outubro de 1956, dizem que minha música foi oficialmente boicotada, mas, apesar disso entusiasticamente recebida pelos compositores da esfera soviética. Nos países do Leste, não se pode obter minha música – toda minha obra sob qualquer forma, quer em disco, quer impressa; não só a minha como também a de Webern, de Schoenberg, de Berg. O isolamento musical da Rússia – ela dirá nosso isolamento – tem pelo menos trinta anos. Ouvimos falar dos virtuoses russos do violino, do piano e de orquestras. Mas o problema é: são virtuoses de quê? Os instrumentos em si nada são; são criados pela literatura musical que executam. O bandolim e a guitarra, por exemplo, não existiram até que Schoenberg imaginou empregá-los de maneira inteiramente nova em *Serenade.* Uma obra--prima nova desse tipo é um convite a que se preparem músicos para sua execução. O virtuose soviético não tem literatura musical além da do século dezenove.

Muitas vezes me perguntam se eu aceitaria reger na União Soviética. Por razões puramente musicais eu não poderia fazê-lo. Suas orquestras não executam as músicas dos três vienenses nem a minha e, estou certo, seriam incapazes de enfrentar os problemas mais simples de execução rítmica que nós introduzimos na música nos últimos cinquenta anos. O estilo de minha música seria também estranho para eles. Estas dificuldades não podem ser superadas em uns poucos ensaios; necessitam de uma tradição de vinte ou trinta anos. Descobri uma situação algo semelhante na Alemanha ao fim da guerra. Após tantos anos de Hitler, durante os quais minha *L'Histoire du Soldat, Pierrot Lunaire*, de

Schoenberg, e a música de Webern e de Berg foram banidas, os músicos se viram incapacitados durante muito tempo de tocar a nova música, embora, desde então, eles tenham mais do que superado essa deficiência.

O mesmo se dá com o balé. Um conjunto de balé existe por seu repertório tanto ou mais do que pela perfeição técnica de seus dançarinos. O repertório deles é de uns poucos bailados do século dezenove. Estes, e umas realizações sentimentais, realistas ou *kitsch* em tecnicolor são tudo que os soviéticos fazem. Balé, neste século, significa o repertório de Diaghilev e as criações dos poucos bons coreógrafos posteriores.

*R.C.* Você está familiarizado com a vida musical americana desde 1925; poderia comentar algum aspecto de seu desenvolvimento a partir de então?

*I.S.* Espero estar enganado, mas temo que, de algum modo, o compositor americano esteja hoje mais isolado do que em 1925. Atualmente ele tem uma forte tendência a dizer: "Vamos deixar todo aquele material de vanguarda para a Europa, e vamos desenvolver nosso próprio estilo musical, um estilo americano"*. O resultado dessa atitude já se tornou claro pelo modo como o "intellectual advanced stuff" (noventa e nove por cento de toda essa produção de vanguarda são puerilidades evidentes) deixa todo mundo perplexo; comparada com Webern, por exemplo, a maioria de nosso simples "estilo americano" caseiro é enfatuado na expressão, e do mais baixo clichê quanto à técnica. Na frase "música americana" o adjetivo "americana" não apenas rouba ênfase à "música", como exige padrões mais baixos. Naturalmente que a música de boa qualidade que medrou aqui será americana.

Não temos nenhuma capital para música nova como foi Nova York em 1925. Observe os programas da League of Composers dos anos vinte, e veja se alguma coisa comparável está realizando-se agora nessa cidade. É certo que se toca ali, agora, mais música atual, e mais música americana também; mas a música nova coerente e controvertida não é tocada, e *era* naquela ocasião. É verdade que temos aquelas orquestras maravilhosas, mas estão ficando frouxas com a sua dieta de música de repertório e música de segunda classe – demasiado açucarada. Recentemente fui convidado a dirigir dois programas com uma dessas glamorosas orquestras americanas. Mas meus programas foram rejeitados, e o contrato cancelado, porque me recusei a tocar Tchaikovski em vez de um programa só com obras minhas. Isso não aconteceria na Europa e a esta altura não deveria acontecer aqui. As comissões diretoras e os empresários precisam deixar de supor que sua educação limitada, e seu gosto também, são bitolas de confiança para o público. O público é uma abstração; não tem gosto. Depende da única pessoa que tem (perdão, deveria ter): o regente.

Os Estados Unidos como um todo têm, certamente, hoje em dia, uma vida musical muito mais rica, com orquestras de primeira ordem em toda parte e boa produção operística em lugares como São Francisco, Santa Fé, Chicago, e nas universidades. Mas o ponto crucial de uma sociedade musical é a música nova.

## 4. Jazz

R.C. Qual é a sua atitude perante o jazz?
I.S. O jazz é uma fraternidade completamente diferente, um modo de fazer música inteiramente especial. Não tem nada a ver com a música composta e, quando procura a influência da música atual, não é jazz e não é bom. A improvisação tem o seu mundo próprio, necessariamente solto e amplo, já que apenas num tempo imprecisamente limitado a verdadeira improvisação poderia ser elaborada; o palco deve estar montado, e deve haver calor. A percussão e o baixo (não o piano; este é um instrumento demasiado híbrido, e além disso, a maioria dos pianistas acabou apenas de descobrir Debussy) funcionam como o sistema de aquecimento central. Devem manter uma temperatura amena e não *cool**. É uma espécie de masturbação que nunca conduz a nada (naturalmente), mas que proporciona a "gênese" artificial que a arte requer. O ponto de interesse é o virtuosismo instrumental, a personalidade instrumental, não a melodia, não a harmonia e, com toda segurança, não o ritmo. Este não existe realmente, porque não existem proporção ou relaxamento rítmicos. Em vez de ritmo há batida (*beat*). Os músicos marcam o tempo sem parar, simplesmente para se manterem, e para saberem de que lado da batida eles se encontram. As ideias são instrumentais, ou antes, não são ideias, porque vêm depois, vêm dos instrumentos. O trompete de Shorty Rogers é um exemplo do que entendo por derivação instrumental. Mas seu trompete é um instrumento de tubo alongado, soando como trompa (*bugie*) e lembrando os *bugies* de chaves de que eu tanto gostava, e para os quais escrevi, na primeira versão de *Les Noces***. Os padrões

---

\* Stravinski refere-se ao *cool jazz*. (N. da T.)
\*\* Por ouvir Mr. Rogers tocar seu instrumento em Los Angeles no ano passado, talvez eu tenha me sentido influenciado a empregar esse trompete em *Threni*.

de Rogers são instrumentais: efeitos de meia válvula com glissandos labiais, intervalos e passagens rápidas que derivam de dedilhados, "trinados" sobre uma nota, por exemplo: Sol-Sol num instrumento em Si bemol (entre os dedos abertos e primeiro-e-terceiro) etc.

Como exemplo do que eu disse sobre *timing*\* sou capaz de escutar o bom estilo de Shorty Rogers, com sua tradição de notas pontuadas, por períodos de quinze minutos ou mais, e não sentir absolutamente o tempo passar, enquanto o peso de todo virtuose "sério" que eu conheça me deprime para além do contraefeito de qualquer tranquilizante. Será que o jazz me influenciou? Seus padrões, e especialmente as combinações instrumentais influíram por certo na minha música de quarenta anos atrás, mas não a "ideia" do jazz. Como eu digo, esse é um outro mundo. Não o acompanho, mas respeito-o. Pode ser uma arte de uma dignidade comovente, como nos funerais de jazz em Nova Orleans. E, nos seus melhores momentos, é, com segurança, o melhor entretenimento musical nos Estados Unidos.

### 5. A Execução Musical

R.C.  Você é de opinião de que, em alguns casos, o compositor deve indicar como deseja que o regente marque o tempo de sua música?

I.S.  Acho que é sempre necessário indicar a unidade de tempo e também se uma subdivisão deve ou não ser percebida. Por outro lado, é preciso mostrar se o regente deve se ater à marcação justa do compasso ou à forma rítmica da música, no caso desta forma ser contrária àquela marcação. Por exemplo, as tresquiálteras, três no tempo de quatro, em *Das Augenlicht*, de Webern e no meu *Surge Aquilo*: sustento que bater três tempos aqui (em outras palavras, bater as notas) é perder a sensação de estar "no tempo de quatro", e, em vez da sensação de tresquiálteras, teremos simplesmente um compasso ternário *com um novo andamento*.

R.C.  Você concorda com a premissa de Schoenberg de que uma boa composição só tem possibilidade de ser executada em um andamento? (O exemplo de Schoenberg de uma peça musical com um andamento vago foi o Hino Austríaco tirado do quarteto *Imperador* de Haydn.)

---

\* Regulagem do tempo, numa execução musical ou num espetáculo dramático, a fim de valorizar os efeitos de determinados momentos. (N. da T.)

*I.S.* Acho que toda composição musical deve necessariamente possuir seu andamento (pulsação) único: a variedade de *tempi* (andamentos) vem dos executantes que muitas vezes não estão bastante familiarizados com as composições que executam, ou têm um interesse pessoal em interpretá-las de uma certa maneira. No caso da famosa melodia de Haydn, se há alguma incerteza quanto ao andamento, o erro está no comportamento alarmante de seus numerosos intérpretes.

*R.C.* Você já pensou se é mais fácil "assassinar" por má interpretação uma peça "clássica" do que uma "romântica"?
*I.S.* Isso depende naturalmente de como decidimos considerar essas classificações, e também dos tipos e graus de execução deficiente. Refugiemo-nos em exemplos contemporâneos de preferência. Meu *Agon* e o *Kammerkonzert*, de Berg, dividem entre si, acredito, a maioria dos pontos característicos que julgamos determinar aquelas categorias.

O *Kammerkonzert* depende intensamente do estado de espírito ou da interpretação. A não ser que o estado de espírito domine o todo, as partes não se relacionam, a forma não é realizada, os detalhes não se distribuem e a música não consegue dizer aquilo que pretende – porque supõe-se que as peças "românticas" contenham mensagens além daquelas puramente musicais de suas notas. A peça "romântica" exige sempre uma execução "perfeita". Entende-se por "perfeita", inspirada – mais do que estrita, ou correta. De fato, consideráveis flutuações de andamento são possíveis numa peça romântica (os metrônomos em Berg são marcados em *circa*, e o tempo de execução diverge às vezes em até dez minutos). E a própria "liberdade" deve ser veiculada pelo executante de uma peça "romântica". É interessante notar que as carreiras dos regentes se fazem, na maioria, com música "romântica". A "clássica" elimina o regente; não pensamos nele, e achamos que ele é necessário apenas por seu *métier*, não por suas qualidades mediúnicas – estou falando da minha música.

Mas será que o inverso de tudo isso não se aplica ao chamado "clássico"? Talvez, embora a questão de grau seja importante, porque as características de cada categoria se aplicam em alguns pontos a ambas. Por exemplo, quando um regente estraga uma peça minha deixando de transmitir uma sugestão de "liberdade" e "atmosfera", ele que não me venha dizer que essas coisas estão associadas exclusivamente a outro tipo de música.

*R.C.* O que você considera como os principais problemas na execução de suas músicas?

*I.S.* A marcação dos tempos é o item principal. Uma peça minha pode sobreviver a quase tudo, exceto a um andamento errado ou inseguro. (Para antecipar sua própria pergunta, sim, uma andamento pode estar errado no metrônomo mas certo no espírito, embora, obviamente, a margem metronômica não deva ser grande). E não só na minha música, naturalmente. Que importa se os trinados, os ornamentos e os próprios instrumentos estejam todos corretos na execução de um concerto de Bach, se o andamento é absurdo? Já disse muitas vezes que minha música deve ser "lida" para ser "executada", não para ser "interpretada". E vou continuar a dizer isto porque nela não vejo nada que exija interpretação (estou tentando dar a impressão de falta de modéstia e não de modéstia). Mas você vai protestar: as questões estilísticas na minha música não são concludentemente indicadas na notação; meu estilo requer interpretação. Isto é verdade, e é também por isso que considero minhas gravações como suplementos indispensáveis à música impressa. Mas não é a essa espécie de "interpretação" que meus críticos se referem. O que gostariam de saber é se as notas repetidas pela clarineta baixo no fim do primeiro movimento de minha *Sinfonia em Três Movimentos* poderiam ser interpretadas como "riso". Suponhamos que eu concorde que elas signifiquem "riso"; que diferença isto faria para o executante? As notas são, ainda assim, intangíveis. Não são símbolos, mas signos.

O problema da execução estilística de minha música é de articulação e de dicção rítmica. A nuança depende delas. Articulação é, principalmente separação, e não posso dar melhor exemplo do que quero dizer senão encaminhando o leitor à gravação que W. B. Yeats fez de três poemas seus. Ele faz uma pausa no fim de cada linha, demora um tempo preciso entre cada palavra e entre cada sílaba – poder-se-ia fazer a notação de seus versos em ritmo musical, tanto quanto marcá-los pela métrica da poesia.

Durante cinquenta anos dediquei-me a ensinar os músicos a tocar em

  em vez de

em certos casos, dependendo do estilo. Também me empenhei em ensinar-lhes a acentuar as notas sincopadas e a começar o fraseado antes, para obter esse resultado. (As orquestras alemãs são incapazes de fazê-lo, tanto quanto os japoneses de pronunciar o "L"). Na execução de minha música, questões simples como esta consomem a metade de meus ensaios: quando irão os músicos aprender a abandonar a nota ligada, a suspendê-la e não apressar as colcheias em seguida? Estas são coisas elementares, mas o solfejo ainda está neste nível elementar. E por que seria o solfejo ensinado como uma coisa à parte do estilo? Não é por isso que os concertos de Mozart são ainda tocados como se fossem concertos de Tchaikovski?

O problema principal da nova música é rítmico. Por exemplo, uma peça como a de Dallapiccola, *Cinque Canti*, não tem problemas de intervalos que dependam de técnica instrumental (suas formas cruzadas à maneira de George Herbert são problemas visuais e não auditivos; não se ouvem musicalmente formas cruzadas). As dificuldades são inteiramente rítmicas e o músico médio precisa aprender uma tal peça compasso por compasso. Ele ainda não passou de *Le Sacre du Printemps*, se é que chegou tão longe. Não pode tocar simples tresquiálteras, e muito menos subdivisões destas. A música nova mais difícil deve ser estudada nas escolas, mesmo que seja apenas como exercícios de leitura.

Eu como regente? Bem, os críticos me opuseram resistência durante quarenta anos, apesar de minhas gravações, apesar de minhas qualificações especiais para saber o que quer o compositor, e minha experiência talvez mil vezes maior do que a de qualquer outro para dirigir a minha música. No ano passado, o *Time* chamou a minha execução de *Canticum Sacrum*, em São Marcos, de "Crime na Catedral". Pois bem, não me importo que minha música seja julgada, porque, se quero manter minha posição como um jovem compositor promissor, devo aceitar isso; mas como pode o *Time*, ou quem quer que seja, saber se eu dirigi bem uma obra que só eu conhecia? (Em Londres, pouco depois desse episódio do *Time*, eu estava tomando chá com Mr. Eliot, morrendo de rir com uma história que ele contava quando minha mulher perguntou a este melhor, mais sábio e mais gentil dos homens, se ele sabia o que tinha em comum comigo. Primeiro, Mr. Eliot examinou o nariz; depois olhou-me atentamente e em seguida considerou sua pessoa – alto, curvo, com jeito americano; ponderou os possíveis pontos em comum em nossas artes. Quando minha mulher disse: "Crime na Catedral", o grande poeta ficou tão desconcertado que tive a impressão de que ele teria preferido não ter escrito aquele *opus theatricum*, do que ver aquele seu título emprestado para insultar-me).

*R.C.* Você concorda que talvez o compositor devesse fazer a notação do "estilo" com maior precisão? Por exemplo, na final de seu *Octeto* os fagotes tocam colcheias pontuadas; não teria sido mais exato escrever semicolcheias seguidas de pausas?

*I.S.* Não acredito que se possa conseguir uma concepção de estilo completa e duradoura puramente por notação. Alguns elementos devem sempre ser transmitidos pelo executante – que Deus o abençoe. No caso do *Octeto*, por exemplo, se eu tivesse escrito semicolcheias, o problema de sua duração – se deveriam ser cortadas durante ou depois das pausas – iria substituir o problema original; e imagine ler todas aquelas bandeirinhas!

*R.C.* Você observou alguma influência da técnica eletrônica nas composições dos novos autores de música serial?

*I.S.* Sim, de diversas maneiras; e a técnica eletrônica de certos compositores me interessa muito mais em suas composições "vivas" do que nas eletrônicas. Para mencionar uma influência apenas, a música eletrônica tornou os compositores cônscios dos problemas da amplitude (afinal de contas, na música eletrônica uma oitava acima *significa* duas vezes mais rápido). Mas aqui, mais uma vez, Webern se adiantou, observando que o mesmo material, se trabalhado em níveis iguais, deve ser limitado a quatro ou cinco oitavas (Webern estendeu-se além disto apenas no tocante a importantes delineamentos das formas). A música eletrônica, por outro lado, influenciou o ritmo (como no caso daquele curioso som que se arrasta em notas pontuadas cada vez mais lentas), a articulação, e muitos aspectos de textura, de dinâmica etc.

*R.C.* Qual de suas execuções gravadas você prefere? Quais você considera definitivas?

*I.S.* Não posso avaliar meus discos porque estou sempre muito ocupado com novos trabalhos para ter tempo de ouvi-los. Entretanto, um compositor não se satisfaz tão facilmente com as gravações de suas obras quanto aquele que as executa em seu lugar, em seu nome – e isso é verdade mesmo quando o compositor e o executante são a mesma pessoa. O compositor teme que os erros venham a se tornar uma cópia autêntica, e que uma execução possível, um conjunto de variáveis, possam ser aceitos como a única. As primeiras gravações são estabelecedoras de padrão, e muito rapidamente nos acostumamos a elas. Para o compositor-regente, porém, a vantagem de poder executar em primeira mão seus novos trabalhos, suas próprias gravações, vale mais do que os problemas que possam surgir. Pelo menos o perigo do músico de permeio fica abolido. Por outro lado, o retardo de tempo para disseminar a nova música fica reduzido de uma a duas gerações para seis meses ou um ano. Se uma obra como *Le Marteau sans Maître* tivesse sido escrita antes da era atual de gravações, teria atingido os jovens músicos que não viviam nas principais cidades somente anos mais tarde. Como as coisas se passam hoje, o mesmo *Marteau*, considerado de tão difícil execução alguns anos atrás, encontra-se agora no âmbito da técnica de muitos intérpretes graças ao que aprenderam com a gravação.

Contudo o público ainda tem pouca consciência de que a palavra "execução" aplicada à gravação é muitas vezes um grande eufemismo. Em vez de "executar" uma peça, o artista que grava "a despedaça". Grava de acordo com o tamanho (custo) da orquestra. Assim, a *Sinfonia do Adeus*, de Haydn, seria gravada em ordem, do princípio ao fim; já *o Bolero*, de Ravel, seria feito, digamos, de trás para diante, se fosse divisível em seções. Outro problema é que a orquestra está disposta de acordo com as condições acústicas exigidas pelos técnicos. Isto significa que a orquestra nem sempre soa para ela própria como uma orquestra.

Eu ainda prefiro produções a reproduções. (Nenhuma fotografia se iguala em cor ao original, nem qualquer som gravado soa igual ao som vivo; e nós sabemos por experiência que, dentro de cinco anos, novos processos e novos equipamentos nos levarão a desprezar o que agora aceitamos como imitações bastante boas.) Mas o repertório reproduzido é tão maior que o produzido, que os concertos não representam mais, em geral, uma forma de competição.

## 6. *A Música e a Igreja*

R.C.   Sua *Missa*, bem como *Canticum Sacrum* e *Threni*, são os mais fortes desafios, nos últimos duzentos anos, ao declínio da Igreja como instituição musical.

*I.S.*   Desejaria que fossem desafios reais. Tinha esperança de que a minha *Missa* chegasse a ser usada liturgicamente, mas não tenho tal aspiração para *Threni* – e por isso escolhi esta designação, e não "Service Tenebrae", mas "Lamentações". Se a Igreja foi ou não a patrocinadora mais sábia – e acho que foi: nela se cometeram menos pecados musicais – pode-se discutir, mas é certo que foi a mais rica em formas musicais. Como nos tornamos mais pobres sem os serviços religiosos com música, sem as Missas, as Paixões, as cantatas segundo o calendário, dos protestantes, sem os motetes, e os concertos sacros e as vésperas, e tantos outros. Essas não são meras formas mortas, mas partes de um espírito musical que saiu de uso.

A Igreja sabia o que o Salmista sabia: a música louva ao Senhor. A música é tão ou mais capaz de louvá-lo do que o edifício da igreja com toda sua decoração; é o maior ornamento da Igreja. Glória, glória, glória; a música do motete de Orlando de Lassus louva a Deus, e essa "glória" especial não existe na música secular. E não apenas a glória – penso nela primeiro porque a glória do Laudate, o júbilo da Doxologia estão extintas – mas a oração, e a penitência, e muitas práticas não podem ser secularizadas. O espírito desaparece com a forma. Não estou comparando o "âmbito emocional" ou a "variedade" na música sacra e na profana. A música dos séculos dezenove e vinte – toda secular – situa-se "expressiva e emocionalmente" muito além da música dos primeiros séculos: *Angst* em *Lulu*, por exemplo – sangue, sangue, sangue – ou a tensão, a perpetuação da epítase na música de Schoenberg. Digo apenas que, sem a Igreja, "abandonados a nossos próprios artifícios", somos mais pobres em formas musicais, perdemos muitas destas formas.

Quando chamo o século dezenove de "profano", quero distinguir música religiosa sacra de música religiosa profana. Esta última é inspirada pela humanidade em geral, pela arte, pelo *Übermensch**, por só Deus sabe o que. A música religiosa sem religião é quase sempre vulgar. Pode ser também enfadonha, sem brilho. Há música de Igreja, por assim dizer, apagada, desde Hucbald até Haydn, mas não vulgar. (Atualmente, é certo, encontramos música de Igreja vulgar, mas ela não é realmente da ou para a Igreja.) Espero também que a minha música sacra seja um protesto contra a tradição platônica, que tem sido a tradição da Igreja, através de Plotino e Erigena, e que considera a música antimoral. Naturalmente Lúcifer tinha música. Ezequiel refere-se a seus "tamborins e gaitas" e Isaías ao "ruído de suas violas".

* Super-homem. (N. da T.)

Mas Lúcifer levou com ele a sua música ao deixar o Paraíso, e, mesmo no Inferno, como nos mostra Bosch, a música é capaz de representar o Paraíso e de tornar-se a "noiva do Cosmo".

"Foi corrompida pelos músicos", é a resposta da Igreja, da Igreja cuja história musical é uma série de ataques contra a polifonia, a verdadeira expressão musical do cristianismo ocidental, até que a música se afastou dela no século dezoito ou confundiu-a com o teatro. Os músicos corruptores, aos quais Bosch se refere, são provavelmente Josquin e Ockeghem, e os artefatos da corrupção seriam as maravilhas polifônicas de Josquin, Ockeghem, Compère, Brumel.

*R.C.* É preciso que a pessoa seja crente para compor essas formas?
*I.S.* Evidentemente. E não um crente apenas em "figuras simbólicas", mas na Pessoa do Senhor, na Pessoa do Diabo, e nos Milagres da Igreja.

*7. A Jovem Geração*

*R.C.* De suas obras, a vanguarda jovem admira *Le Sacre du Printemps*, *Três Canções Japonesas*, várias canções russas, *Renard* e as *Sinfonias para Instrumentos de Sopro*. Reagem fortemente, porém, contra a sua assim chamada música neoclássica (*Apollo*, *Concerto para Piano*, *Jeu de Cartes* etc.) e, embora aceitem sua música mais recente, queixam-se que harmonias triádicas e cadências tônicas são solecismos de recuo para o sistema tonal. O que você diz sobre isso?
*I.S.* Vou responder a última queixa primeiro: meus trabalhos recentes *são* compostos no "meu" sistema tonal. Esses compositores estão mais preocupados com rumos do que com juízos realistas sobre música. Esta é como deve ser. Mas de qualquer modo eles não poderiam ter trilhado os passos de seus antecessores imediatos nos últimos vinte anos, e procuraram encontrar novos antecedentes. Uma mudança de direção não quer dizer, no entanto, que sair de uma zona de influência diminui o valor desta. Em ciência, muitas vezes isto acontece porque cada nova verdade científica retifica alguma verdade anterior. Mas, em música, o progresso se dá apenas no sentido do desenvolvimento da linguagem – somos capazes de fazer coisas novas em ritmo, em sonoridade, em estrutura. Pretendemos chegar a maior concentração em determinados caminhos, e por isso argumentamos

que evoluímos progressivamente neste determinado sentido. Contudo, um passo nessa evolução não cancela o anterior. As séries de árvores de Mondrian podem ser vistas como um estudo que progride mais do *ressemblant* ao mais abstrato, mas ninguém seria tolo a ponto de considerar quaisquer das árvores mais ou menos belas do que qualquer outra *pelo motivo de serem mais ou menos abstratas*. Se a minha música desde *Apollo* e *Oedipus* até *The Rake's Progress* não continuou a explorar o caminho no rumo que interessa à jovem geração de hoje, essas peças, não obstante, continuam a existir.

Toda época é uma unidade histórica. Pode, naturalmente não parecer senão *isto* ou *aquilo* a cada facção contemporânea, mas a semelhança é gradual, e com o tempo, *isto* ou *aquilo* passarão a ser componentes da mesma coisa. Por exemplo, o "neoclássico" agora começa a ser aplicado a todos os compositores de entre as duas guerras (não aquela noção de que os compositores neoclássicos são aqueles que assaltam seus predecessores e se roubam entre si, para depois, com o resultado do saque, construir um novo "estilo"). A música de Schoenberg, de Berg e de Webern nos anos vinte era considerada extremamente iconoclasta na época, mas agora eles aparecem como compositores que usaram a forma musical tal como eu fiz, "historicamente". Minha utilização dela, entretanto, foi aberta, enquanto a deles foi elaboradamente disfarçada. (Tome, por exemplo, o Rondo do *Trio*, de Webern; a música é maravilhosamente interessante, mas ninguém a escuta como um rondo.) Nós todos exploramos e descobrimos música nova nos anos vinte, naturalmente, mas a ligamos à própria tradição que estávamos diligentemente ultrapassando na década anterior.

*R.C.* Qual a música que mais lhe agrada hoje em dia?
*I.S.* Toco os virginalistas ingleses com prazer nunca esmorecido. Também toco Couperin, as cantatas de Bach demasiado numerosas para serem indicadas, madrigais italianos ainda mais numerosos, as peças de *sinfoniae sacrae* de Schütz e missas de Josquin, Ockeghem, Obrecht e outros. Os quartetos e sinfonias de Haydn, os quartetos de Beethoven, as sonatas e especialmente as sinfonias, como a Segunda, a Quarta e a Oitava são às vezes de um frescor delicioso para mim. Quanto à música deste século, sinto-me mais atraído por dois períodos de Webern: os últimos trabalhos instrumentais e as canções que ele compôs depois dos primeiros doze opus e antes do *Trio* – a música que escapou ao perigo do excesso de preciosismo das primeiras peças, e que é, talvez, a mais rica que Webern escreveu. Não digo que as últimas cantatas sejam o declínio – muito pelo contrário – mas seu sen-

timento me é estranho, e prefiro as obras instrumentais. Aqueles que não compartilham de meus sentimentos por essa música hão de espantar-se com minha atitude. Então explico: Webern é para mim o *juste de la musique*\* e não hesito em me abrigar sob a benemérita proteção de sua arte ainda não canonizada.

*R.C.* Qual a peça musical de um compositor da geração jovem que mais o atraiu?
*I.S.* *Le Marteau sans Maître*, de Pierre Boulez. A dificuldade mais comum dos músicos em julgar compositores como Boulez e o jovem alemão Stockhausen é que não é possível ver suas raízes. Esses compositores surgiram já adultos. Com Webern, por exemplo, traçamos suas origens até as tradições musicais do século dezenove e dos séculos anteriores. Mas o músico comum não se preocupa com Webern. Ele faz perguntas como esta: "Que espécie de música Boulez ou Stockhausen comporiam se lhes pedissem para escrever música tonal?" Muito tempo há de se passar antes que o valor de *Le Marteau sans Maître* seja reconhecido. Entrementes, não vou explicar minha admiração por ele, mas vou adaptar a resposta de Gertrudes Stein quando lhe perguntaram por que ela gostava das pinturas de Picasso: "Gosto de olhar para elas". Eu gosto de ouvir Boulez.

*R.C.* O que você ouve, de fato, "verticalmente", em músicas como *Deux Improvisations sur Mallarmé* ou *Le Marteau sans Maître*, de Boulez?
*I.S.* "Ouvir" é uma palavra muito complicada. Num sentido puramente acústico como tudo que se toca ou que soa. Em outro sentido, também, percebo tudo que se toca. Mas você quer dizer, na realidade, quais as "relações tonais" de que estou cônscio, o que meu ouvido analisa, e se ele filtra as alturas de todas as notas, individualmente. Sua pergunta implica em que você ainda procura relacionar as notas tonalmente; em que você está procurando uma "chave" que o capacite a proceder assim (como Jude, de Hardy, que imaginava que o grego era apenas uma pronúncia diferente do inglês). Entretanto, tudo o que o ouvido pode perceber nesse sentido é densidade (ninguém com menos de trinta anos – e apenas uns raros antidiluvianos como eu com mais de trinta – usa ainda a palavra "harmonia"; o que se diz é "densidade"). E a densidade tornou-se apenas uma questão de estrita música serial, um elemento de variação e permutação como qualquer outro; de acordo com o sistema da pessoa, vai ela de duas a doze notas num agregado sonoro vertical. (Isso é matemático?

\* Em francês no texto: "exatamente a música". (N. da T.)

Certamente que é, mas o compositor compõe a matemática.) Tudo isso faz-nos voltar a Webern, que compreendeu todo o problema das densidades variáveis (um fato tão notável que eu me pergunto se Webern sabia bem quem era Webern). Mas a questão da audição harmônica é, por certo, mais antiga. Todo ouvinte comum (se é que existe uma criatura assim, tão extraordinária) deve ter-se sentido perturbado pela audição harmônica da música da Escola de Viena, a partir de 1909 – em *Erwartung*, por exemplo. Ele ouve todas as notas, acusticamente, mas não consegue analisar sua estrutura harmônica. A razão é, por certo, que essa música não é harmônica no sentido tradicional. (No caso da gravação de *Erwartung* há outra razão também: a parte vocal é cantada fora do tom a maior parte do tempo.)

Será que consigo ouvir a estrutura harmônica desses acordes não harmônicos? É difícil dizer exatamente o que ouço. Primeiro é uma questão de prática (embora não inteiramente). Mas quaisquer que sejam os limites da audição e da percepção, eu não gostaria de defini-los. Nós já ouvimos um bocado mais de coisas na harmonia dessas peças harmônicas atonais. Por exemplo, eu agora escuto tonalmente todo o primeiro movimento da *Sinfonia* de Webern (não apenas o famoso trecho em Dó menor), e melodicamente acho que agora todos estão habilitados para uma audição mais próxima da tonalidade do que há vinte anos. Também os jovens nascidos para essa música estão aptos a ouvir mais coisas dela do que nós.

A música de Boulez? Partes de *Le Marteau* não são difíceis de ouvir *in toto*; o *"bourreaux de solitude"* por exemplo, que se parece com o primeiro movimento da *Sinfonia*, de Webern. Mas em um trecho como *"après l'artisanat furieux"*, seguimos apenas a linha de um só instrumento e nos damos por satisfeitos de "estar cônscios da" presença dos outros. Talvez mais tarde a segunda linha e a terceira se tornem familiares, mas não devemos tentar ouvi-las no sentido tonal-harmônico. Que é "estar cônscio de"? Instrumentistas perguntam muitas vezes: "se deixamos de fora tais e tais trechos, quem vai saber?" A verdade é que se sabe. Muita gente hoje se apressa em condenar um compositor por "não ser capaz de ouvir o que escreveu". De fato, o verdadeiro compositor ouve sempre, pelo menos em seus cálculos, tudo o que escreve. Tallis calculou as quarenta partes de seu *Spem in Alium Nunquam Habui*, mas não as ouviu; e mesmo numa polifonia a doze partes como a de Orlando, verticalmente só ouvimos quatro partes de música. E pergunto-me mesmo se, na complicada polifonia do Renascimento, os cantores sabiam onde estavam, uns em relação aos outros – o que mostra como devia ser bom seu treino rítmico (para manter tal independência).

*R.C.* Como você entende a observação de Anton Webern: "Não escreva música inteiramente pelo ouvido. Seu ouvido pode guiá-lo, mas você deve saber por que?"

*I.S.* Webern não se satisfazia com o ato passivo de ouvir – pelo menos de um certo ponto de vista: sua música exige que o ouvinte, compositor ou apreciador, faça relações de conhecimento sobre o que ouve: "Você deve saber por que". Isso obriga o ouvinte a participar do que escuta, a tornar-se *listener*, convoca-o a relações ativas com a música.

## 8. O Futuro da Música

*R.C.* Os compositores jovens estão explorando a dinâmica; que tipo de emprego novo podemos esperar para ela?

*I.S.* Um exemplo do emprego da dinâmica que poderíamos pressentir está em *Zeitmasse*, de Stockhausen. Nesta peça, no compasso 187, um acorde é sustentado por todos os cinco instrumentos, mas as intensidades de cada instrumento, individualmente, continua a mudar durante toda a execução do acorde: o oboé começa *ppp* e faz um curto crescendo para *p* no final; a flauta faz os diminuendos vagarosamente de *p*, depois os crescendos um pouco mais depressa para *p* e aí permanece no último terço do compasso; o corne-inglês faz os crescendos devagar, depois mais depressa de *ppp* para *mp* e os diminuendos simetricamente; a clarineta mantém *p*, depois vai lentamente diminuindo.

Tal exploração dinâmica não é nova, naturalmente – um uso serial da dinâmica, tanto quanto da articulação, outro assunto relacionado e quase tão importante, já está claramente indicado no *Concerto para Nove Instrumentos*, de Webern – mas penso que os instrumentos eletrônicos, especialmente o controle eletrônico, poderiam levar isso muito mais longe. Eu mesmo emprego a dinâmica para vários fins e de vários modos, mas sempre para enfatizar e articular ideias musicais: nunca a encarei como explorável em si mesma. Em trechos como o *ricercar* para tenor em minha *Cantata*, ignoro o volume quase completamente. Talvez minha experiência como executante me tenha persuadido de que as circunstâncias são tão diferentes que exigem que cada partitura seja marcada de novo para cada execução. Entretanto, uma escala geral das relações dinâmicas – não há dinâmica absoluta – deve estar clara no espírito do executante.

As inflexões do registro de uma dinâmica em constante alteração são alheias a minha música. Não respiro em retardandos e acelerandos, diminuendos ou crescendos em todas as frases. E gradações infinitamente mais sutis – pianíssimos até o limite da capacidade de audição, e mesmo além – são suspeitas para mim. Minha estrutura musical não depende da dinâmica, embora ela seja empregada em minha "expressão". Neste ponto minha posição contrasta com a de Webern.

R.C. Você quer fazer alguma previsão para a "música do futuro"?

I.S. Poderão existir sonatas eletrônicas *"add-a-part"**, naturalmente, e sinfonias pré-compostas ("Sinfonias para a Imaginação": compra-se um *tone row***, completa-se com réguas que deslizam para marcar a duração, a altura, o timbre, o ritmo, e com tábuas de cálculo para programar o que vai acontecer no compasso 12 ou 73 ou 200) e certamente toda música será classificada segundo o sentir do momento (montagens caleidoscópicas para "multicontorcer" personalidades, concertos simultâneos "biaudivelmente mal alinhados" para acalmar esquizofrênicos etc.), mas, no principal, esta música vai se assemelhar muito com a "música do presente" para o homem dos satélites: um super *hi-fi* Rachmaninov.

R.C. Você acha provável que a obra-prima da próxima década seja composta em técnica serial?

I.S. Nada é impossível no que diz respeito às obras-primas, muito menos se vai haver alguma. De qualquer modo, é mais possível que a obra-prima venha a surgir do compositor que tenha a linguagem mais altamente desenvolvida. Essa linguagem é serial no presente; e embora nela nosso desenvolvimento contemporâneo possa ser tangencial a uma evolução que ainda não vislumbramos; para nós isso não importa. Seus recursos alargaram a linguagem atual e mudaram nossa perspectiva dentro dela. As conquistas no campo da linguagem não são facilmente abandonadas e o compositor que deixa de levá-las em conta pode perder o fluxo principal. Pondo de parte as obras-primas, parece-me que a nova música há de ser serial.

---

* Com partes adicionadas (N. da T.)
** Sequência das doze notas de escala cromática em uma disposição particular qualquer (N. da T.)

## 9. Conselhos aos Jovens Compositores

*R.C.* Você deseja dar alguns conselhos especiais aos jovens compositores?

*I.S.* Um compositor ou é, ou não é; não pode adquirir o dom que o torna um compositor, e se ele tem ou não este dom, em ambos os casos não precisará dos meus conselhos. O compositor tem consciência de sê-lo realmente, se a composição cria nele apetites definidos e se, ao satisfazê-los ele tem a noção de seus exatos limites. Por outro lado, ele saberá se não é compositor quando sente apenas "um desejo de compor" ou "vontade de se expressar por meio da música". Esses apetites determinam peso e tamanho. Representam mais que manifestações da personalidade, são de fato indispensáveis medidas humanas. Em muita música nova, porém, não sentimos essas dimensões, e é por isso que parecem "música fugidia", chega-se até ela e ela foge como o mujique da história que, quando lhe perguntaram o que faria se fosse feito Czar, respondeu: "Eu roubaria cem rublos e correria o mais depressa possível".

Eu alertaria os jovens compositores também, os americanos em particular, contra o ensino universitário. Por mais que seja agradável e lucrativo ensinar contraponto num ginásio americano rico como Smith ou Vassar, não estou certo de que isso seja a devida base para um compositor. Os numerosos jovens nas faculdades que escrevem música e não conseguem tornar-se compositores não podem pôr a culpa em sua carreira universitária por certo e, de qualquer modo, não há padrões para o verdadeiro compositor. O que importa, no entanto, é que o ensino é acadêmico (Webster: "Literário... mais do que técnico ou profissional... De acordo com... regras... convencional... Teórico e não orientado para produzir... um resultado prático") o que significa que não seja a justa contrapartida para o tempo em que o compositor não está produzindo. O verdadeiro compositor pensa permanentemente em seu trabalho; não está sempre consciente disso mas percebe-o mais tarde, quando, de repente, sabe o que vai fazer.

*R.C.* Você concorda em que alguns compositores novos "experimentais" podem estar indo longe demais?

*I.S.* "Experimento" significa algo nas ciências; nada significa em composição musical. Nenhuma composição boa poderia ser meramente "experimental"; é música ou não é. Deve ser ouvida e julgada como qualquer outra. Um "experimento" bem-sucedido em composição musical seria um malogro tão grande quanto um mal-sucedido, se não fosse mais do que um experimento. Mas, na sua pergunta, a questão que me interessa é a que implica na fixação de linhas: "Até aqui, e não mais adiante; além deste ponto a música não pode ir". Suponho que a psicologia estudou os efeitos dos vários tipos de desafios em vários grupos, e suponho que saiba quais são as respostas normais, e quando elas ocorrem – nesse caso, quando se começa a buscar defesas contra novas ideias e a afastá-las racionalizando. Não tenho informações sobre isso. Mas tenho à minha volta o espetáculo de compositores que, depois que sua geração teve sua década de influência e moda, se fecham a desenvolvimentos ulteriores e à nova geração. (No momento em que digo isto, as exceções me vêm à lembrança – Krenek, por exemplo.) Naturalmente é preciso um grande esforço para aprendermos algo dos mais moços, cujas maneiras não são invariavelmente as melhores. Mas quando se tem setenta e cinco anos, e à sua geração se sobrepuseram quatro outras mais jovens, convém não decidir "até onde os compositores podem ir"; deve-se tentar descobrir quais as coisas novas que fazem com que uma geração seja nova.

As próprias pessoas que fizeram a ruptura são, muitas vezes, elas próprias as primeiras a tentar pôr uma crosta protetora sobre o seu efeito. Qual o medo que as leva a gritar: "Alto!"? Que segurança procuram, e como isso pode ser seguro, se é limitado? Como podem esquecer que um dia lutaram contra aquilo em que hoje se transformaram?

## MÚSICA NA PERSPECTIVA

*Balanço da Bossa e Outras Bossas* – Augusto de Campos (D003)
■ *A Música Hoje* – Pierre Boulez (D055) ■ *Conversas com Igor Stravinski* – Igor Stravinski e Robert Craft (D176) ■ *A Música Hoje 2* – Pierre Boulez (D217) ■ *Jazz ao Vivo* – Carlos Calado (D227) ■ *O Jazz como Espetáculo* – Carlos Calado (D236) ■ *Artigos Musicais* – Livio Tragtenberg (D239) ■ *Caymmi: Uma Utopia de Lugar* – Antonio Risério (D253) ■ *Indústria Cultural: A Agonia de um Conceito* – Paulo Puterman (D264) ■ *Darius Milhaud: Em Pauta* – Claude Rostand (D268) ■ *A Paixão Segundo a Ópera* – Jorge Coli (D289) ■ *Óperas e Outros Cantares* – Sergio Casoy (D305) ■ *Filosofia da Nova Música* – Theodor W. Adorno (E026) ■ *O Canto dos Afetos: Um Dizer Humanista* – Ibaney Chasin (E206) ■ *Sinfonia Titã: Semântica e Retórica* – Henrique Lian (E223) ■ *Música Serva d' Alma: Claudio Monteverdi* – Ibaney Chasin (E266) ■ *A Orquestra do Reich* – Misha Aster (E310) ■ *A Mais Alemã das Artes* – Pamela M. Potter (E327) ■ *Para Compreender as Músicas de Hoje* – H. Barraud (SM01)
■ *Beethoven: Proprietário de um Cérebro* – Willy Corrêa de Oliveira (SM02) ■ *Schoenberg* – René Leibowitz (SM03) ■ *Apontamentos de Aprendiz* – Pierre Boulez (SM04) ■ *Música de Invenção* – Augusto de Campos (SM05) ■ *Música de Cena* – Livio Tragtenberg (SM06)
■ *A Música Clássica da Índia* – Alberto Marsicano (SM07) ■ *Shostakóvitch: Vida, Música, Tempo* – Lauro Machado Coelho (SM08)
■ *O Pensamento Musical de Nietzsche* – Fernando de Moraes Barros (SM09) ■ *Walter Smetak: O Alquimista dos Sons* – Marco Scarassatti (SM10) ■ *Música e Mediação Tecnológica* – Fernando Iazzetta (SM11) ■ *A Música Grega* – Théodore Reinach (SM12) ■ *Estética da Sonoridade* – Didier Guigue (SM13) ■ *O Ofício do Compositor Hoje* – Livio Tragtenberg (org.) (SM14) ■ *Música: Cinema do Som* – Gilberto Mendes (SM15) ■ *Música de Invenção 2* – Augusto de Campos (SM16) ■ *A Ópera Barroca Italiana* – Lauro Machado Coelho (HO) ■ *A Ópera Romântica Italiana* – Lauro Machado Coelho (HO) ■ *A Ópera Italiana após 1870* – Lauro Machado Coelho (HO) ■ *A Ópera Alemã* – Lauro Machado Coelho (HO) ■ *A Ópera na França* – Lauro Machado Coelho (HO) ■ *A Ópera na Rússia* – Lauro Machado Coelho (HO) ■ *A Ópera Tcheca* – Lauro Machado Coelho (HO) ■ *A Ópera Clássica Italiana* – Lauro Machado Coelho (HO) ■ *A Ópera nos Estados Unidos* – Lauro Machado Coelho (HO)
■ *A Ópera Inglesa* – Lauro Machado Coelho (HO) ■ *As Óperas de Richard Strauss* – Lauro Machado Coelho (HO) ■ *O Livro do Jazz: De Nova Orleans ao Século XXI* – Joachim E. Berendt e Günther Huesmann (LSC) ■ *Rítmica* – José Eduardo Gramani (LSC)

Este livro foi impresso na cidade de Cotia,
nas oficinas da Meta Brasil,
para a Editora Perspectiva.